Abhishek Shukla

Computação suave com tipo - 2 Lógica Fuzzy

Abhishek Shukla

Computação suave com tipo - 2 Lógica Fuzzy

Uma Nova Técnica de Computação

ScienciaScripts

Imprint

Any brand names and product names mentioned in this book are subject to trademark, brand or patent protection and are trademarks or registered trademarks of their respective holders. The use of brand names, product names, common names, trade names, product descriptions etc. even without a particular marking in this work is in no way to be construed to mean that such names may be regarded as unrestricted in respect of trademark and brand protection legislation and could thus be used by anyone.

Cover image: www.ingimage.com

This book is a translation from the original published under ISBN 978-3-330-34959-9.

Publisher:
Sciencia Scripts
is a trademark of
Dodo Books Indian Ocean Ltd. and OmniScriptum S.R.L publishing group

120 High Road, East Finchley, London, N2 9ED, United Kingdom
Str. Armeneasca 28/1, office 1, Chisinau MD-2012, Republic of Moldova, Europe
Printed at: see last page
ISBN: 978-620-5-81310-2

Conteúdos

Abstrato

O objectivo deste trabalho de estudo é fornecer uma visão geral da Soft Computing (SC) com Lógica Fuzzy Tipo - 2. Na sua maioria, SC abrange a tecnologia da lógica difusa, algoritmos genéticos e redes neurais e surgiu como uma ferramenta eficaz para lidar com problemas de controlo, modelação e decisão em sistemas complexos.

Este livro incorpora várias técnicas de computação suave juntamente com a Lógica Fuzzy tipo 2 na estimativa de esforço, processamento de imagem para o desenvolvimento de projectos de software. Foi proposta alguma arquitectura com a Lógica Fuzzy tipo 2 para o desenvolvimento de sistema inteligente para diferentes áreas de aplicação. É apresentado um resultado experimental para estimativa de esforço e a comparação é feita entre a Lógica Fuzzy tipo 1 e a Lógica Fuzzy tipo 2. Descobre-se que a Lógica Fuzzy de tipo 2 originalmente introduzida por L.A. Zadeh é realmente uma nova técnica de Soft Computing. Um sistema que foi desenvolvido, com tipo-1 pode ser substituído por Lógica Fuzzy tipo-2 para incorporar um comportamento mais incerto do sistema. É também sugerido explorar várias características da Lógica Fuzzy tipo 2 para o desenvolvimento do novo sistema, sem dúvida.

Esta nova teoria pode ser capaz de reduzir a incerteza, porque a saída da Lógica Fuzzy de tipo 2 é a Lógica Fuzzy de tipo 1, que é chamada de tipo reduzido; além disso, esta pode ser defuzzificada para obter um valor nítido.

SC é uma técnica nova de computação devido ao seu elevado poder computacional, a computação tradicional era uma computação dura que se limita ao seu limite, onde como SC não se limita ao seu limite, pode ir além do seu limite, por isso é uma ferramenta mais poderosa. Esta é a razão pela qual esta ferramenta está a ser utilizada em diferentes disciplinas. O nosso estudo baseia-se na aplicação de todas as referidas ferramentas em diferentes áreas.

A computação suave não é uma disciplina fechada e clara. Incorpora uma família emergente de métodos de resolução de problemas que tentam imitar a inteligência natural; esta última reduziu, no nosso discurso, ao raciocínio aproximado, à heurística e ao poder da generalização. Basicamente, existem dois componentes importantes, isto é, modelos baseados em lógica difusa (FLMs) e métodos experimentais de aprendizagem de dados, tais como redes neurais (NNs) e máquinas vectoriais de suporte (SVMs). Além disso, existem métodos baseados no Algoritmo Genético (Gás), Algoritmos Evolutivos (EAs), raciocínio probabilístico, redes de crenças, conjuntos aproximados, wavelets, teorias fractais e caóticas.

Capítulo -1

INTRODUÇÃO

1.1 Visão geral -

O objectivo deste trabalho de estudo é fornecer uma visão geral da Soft Computing (SC) com Lógica Fuzzy Tipo - 2. Na sua maioria, SC abrange a tecnologia da lógica difusa, algoritmos genéticos e redes neurais e surgiu como uma ferramenta eficaz para lidar com problemas de controlo, modelação e decisão em sistemas complexos.

Este livro incorpora várias técnicas de computação suave juntamente com a Lógica Fuzzy tipo 2 na estimativa de esforço, processamento de imagem para o desenvolvimento de projectos de software. Foi proposta alguma arquitectura com a Lógica Fuzzy tipo 2 para o desenvolvimento de sistema inteligente para diferentes áreas de aplicação. É mostrado um resultado experimental para a estimativa do esforço e a comparação é feita entre a Lógica Fuzzy tipo 1 e a Lógica Fuzzy tipo 2. Descobre-se que a Lógica Fuzzy de tipo 2 originalmente introduzida por L.A. Zadeh é realmente uma nova técnica de Soft Computing. Um sistema que foi desenvolvido, com tipo-1 pode ser substituído por Lógica Fuzzy tipo-2 para incorporar um comportamento mais incerto do sistema. É também sugerido explorar várias características da Lógica Fuzzy tipo 2 para o desenvolvimento do novo sistema, sem dúvida.

Esta nova teoria pode ser capaz de reduzir a incerteza, porque a saída da Lógica Fuzzy de tipo 2 é a Lógica Fuzzy de tipo 1, que é chamada de tipo reduzido; além disso, esta pode ser defuzzificada para obter um valor nítido.

SC é uma técnica nova de computação devido ao seu elevado poder computacional, a computação tradicional era uma computação dura que se limita ao seu limite, onde como SC não se limita ao seu limite, pode ir além do seu limite, por isso é uma ferramenta mais poderosa. Esta é a razão pela qual esta ferramenta está a ser utilizada em diferentes disciplinas. O nosso estudo baseia-se na aplicação de todas as referidas ferramentas em diferentes áreas.

A computação suave não é uma disciplina fechada e clara. Incorpora uma família emergente de métodos de resolução de problemas que tentam imitar a inteligência natural; esta última reduziu, no nosso discurso, ao raciocínio aproximado, à heurística e ao poder da generalização. Basicamente, existem dois componentes importantes, isto é, modelos baseados em lógica difusa (FLMs) e métodos experimentais de aprendizagem de dados, tais como redes neurais (NNs) e máquinas vectoriais de suporte (SVMs). Além disso, existem métodos baseados no Algoritmo Genético (Gás), Algoritmos Evolutivos (EAs), raciocínio probabilístico, redes de crenças, conjuntos aproximados, wavelets, teorias fractais e caóticas.

Os métodos de computação suave são utilizados sempre que não é possível conceber um modelo matemático a partir dos primeiros princípios.

O objectivo da computação suave é o de:

1- Aprender com os dados experimentais (exemplos, amostras, medições, registos, padrões, observação...) por NNs ou SVMs.

2- Incorporar os conhecimentos humanos estruturais existentes, tais como experiência, perícia, e heurística, regras de ouro num quadro matemático eficiente, tal como as regras IF-THEN.

1.2 **O que é soft computing?**

Soft Computing (SC) é um conceito que foi introduzido por Zadeh (1992), a descoberta da lógica fuzzy. A lógica fuzzy é utilizada para lidar com imprecisão e incerteza, os algoritmos genéticos são utilizados para pesquisa e optimização e as redes neurais são utilizadas para aprendizagem e ajuste de curvas. Apesar destes dicho tómicos, existem sinergias naturais entre estas tecnologias.

SC consistem em várias ferramentas, algumas das quais são:

- Rede Neural Artificial
- Lógica Fuzzy (Tipo - 1)
- Algoritmo Genético
- E agora a lógica Fuzzy Type-2

A computação suave é uma abordagem inovadora para a construção de um sistema computacionalmente inteligente que se assemelha à capacidade extra normal da mente humana de raciocinar e aprender num ambiente de incerteza e imprecisão.

Tipicamente a computação suave consiste em vários paradigmas de computação, incluindo redes neurais, conjuntos difusos, raciocínio aproximado, algoritmos genéticos, e recozimento simulado, etc.

Capítulo -2

Arquitectura de Redes Neuronais

2.1 O que são Redes Neuronais Artificiais?

A Rede Neural Artificial é um tipo de aprendizagem conexional, uma vez que o Conhecimento é aprendido e recordado por uma rede de neurónios inter-relacionados, sinapses de peso e elemento lógico de limiar. Uma Rede Neural Artificial é uma técnica de processamento de dados inspirada por modelos de neurónios biológicos, por exemplo o cérebro, que processam dados. É composta por componentes de processamento altamente inter-relacionados que funcionam com todos os outros neurónios para resolver problemas particulares. Cada componente de processamento de neurónios é principalmente um componente de soma seguido por n papel de activação. O resultado de cada neurónio, após a implementação do valor de peso ligado à ligação, é fornecido como a entrada para cada neurónio na camada seguinte. O processo de aprendizagem é fundamentalmente para um processo de optimização em que os factores do mais fino conjunto de pesos dos coeficientes de ligação para a resolução de dificuldades são obtidos. Uma vez que a rede neural artificial é capaz de fazer um conjunto múltiplo de categorização, uma rede neural artificial é utilizada para realizar o processo de detecção de intrusão.

As redes neurais são compostas por elementos simples que funcionam em paralelo. Estes elementos são inspirados pelos sistemas nervosos biológicos. Tal como na natureza, a função de rede é determinada em grande parte pelas ligações entre os elementos. Podemos treinar uma rede neural para desempenhar uma determinada função ajustando (pesos) entre os elementos. Normalmente as redes neurais são ajustadas, ou treinadas, de modo a que uma determinada entrada conduza a um alvo de saída específico. Tal situação é mostrada na fig. 2.1. A rede é ajustada, com base numa comparação entre a saída e o alvo, até que a saída da rede corresponda ao alvo. Tipicamente, muitos destes pares de entrada/alvo são necessários para treinar uma rede.

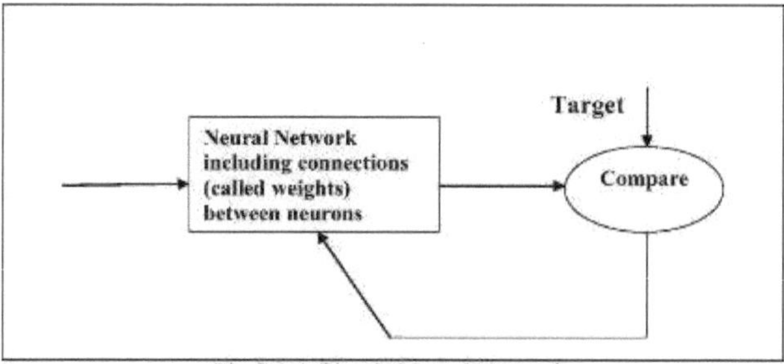

Fig 2.1 A Simple Neural Network

As redes neurais foram treinadas para desempenhar funções complexas em vários campos. Incluindo reconhecimento de padrões, identificação, classificação, e sistemas de fala, visão e controlo.

Uma Rede Neural Artificial é um paradigma de processamento de informação que se inspira na forma como os sistemas nervosos biológicos, como o cérebro, processam a informação. O elemento chave deste paradigma é a nova estrutura do sistema de processamento de informação. É composto por um grande número de elementos de processamento altamente interligados, trabalhando em uníssono para resolver problemas específicos. ANNs. Tal como as pessoas, aprender pelo exemplo. Uma ANN é configurada para uma aplicação específica, como o reconhecimento de padrões ou a classificação de dados, através de um processo de aprendizagem. A aprendizagem em sistemas biológicos envolve ajustamentos às ligações sinápticas que existem entre os neurónios. Isto também é cansaço dos ANNs. Actualmente, as redes neurais podem ser treinadas para resolver problemas que são difíceis para computadores convencionais ou seres humanos. Ao longo da caixa de ferramentas é colocada ênfase nos paradigmas de redes neurais que se desenvolvem ou são eles próprios utilizados em engenharia, finanças e outras aplicações práticas.

Rede neural no caso de neurónios artificiais chamados rede neural artificial ou rede neural simulada é e interliga um grupo de neurónios naturais ou artificiais que usa um modelo matemático ou computacional para o processamento de informação baseado numa abordagem conexa ao cálculo. Na ANN é um sistema adaptativo que muda a sua estrutura com base em informação externa ou interna que flui através da rede. Em termos mais práticos, as redes neurais são ferramentas não lineares de modelação de dados estatísticos ou de tomada de decisão. Podem ser utilizadas para modelar relações complexas entre entradas e saídas ou para encontrar padrões nos dados.

As redes neurais com a sua notável capacidade de derivar significado de dados complicados ou imprecisos podem ser usadas para extrair padrões e detectar tendências que são demasiado complexas para serem notadas pelos seres humanos ou por outras técnicas informáticas. Uma rede neural com formação pode ser considerada como um "perito" na categoria de informação que lhe foi dada para analisar. Este perito pode então ser utilizado para fornecer projecções dadas novas situações de interesse e responder à pergunta "e se".

Outras vantagens incluem:

1. **Aprendizagem adaptativa:** Uma capacidade de aprender a fazer tarefas com base nos dados fornecidos para a formação ou experiência inicial.

2. **Auto-organização:** Uma ANN pode criar a sua própria organização ou representação da informação que recebe durante o tempo de aprendizagem.

3. **Operação em tempo real:** Os cálculos de ANN podem ser efectuados em paralelo, e estão a ser concebidos e fabricados dispositivos especiais de louça dura que tiram partido desta capacidade.

4. **Tolerância a Falhas através de Codificação de Informação Redundante:** A destruição parcial de uma rede leva à degradação correspondente do desempenho. As capacidades da rede podem ser retidas mesmo com grandes danos na rede.

As Redes Neurais Artificiais são um paradigma importante para aplicações de Data Mining. As redes neuronais passaram por dois grandes períodos de desenvolvimento no início dos anos 60 e meados dos anos 80. Elas foram um desenvolvimento chave na antiguidade da aprendizagem mecânica. As Redes Neurais Artificiais foram inspiradas por descobertas biológicas relacionadas com o comportamento do cérebro como uma rede de unidades chamadas **neurónios.** Estima-se que o cérebro humano tenha cerca de 10 mil milhões de neurónios ligados em média a outros 10.000 neurónios. Cada neurónio recebe sinais através de sinapses que controlam os efeitos do sinal sobre o neurónio. Acredita-se que estas ligações sinápticas desempenham um papel fundamental no comportamento do cérebro. O elemento fundamental de uma Rede Neural Artificial é o modelo matemático de um neurónio.

Os três componentes básicos do neurónio são:

1. As sinapses ou ligações de ligação que fornecem pesos w_j, aos valores de entrada, x_j para j = 1, m;

2. Uma adição que soma os valores de entrada ponderados para calcular a entrada para a função de activação.

$$V = WV + \sum_{j=1}^{M} W_J X_J$$

Onde w_0 é chamado de viés (não confundir com viés estatístico na previsão ou estimativa) é um valor numérico associado com o neurónio. É conveniente pensar no enviesamento como o peso de um input x_0 cujo valor é sempre igual a um. Para que

$$V = W_0 + \sum_{J=1}^{m} W_J X_J$$

3. Uma função de activação a (também chamada de função de esmagamento) que mapeia **v**

Para **g (v)** o valor de saída do neurónio. Esta função é uma função monótona.

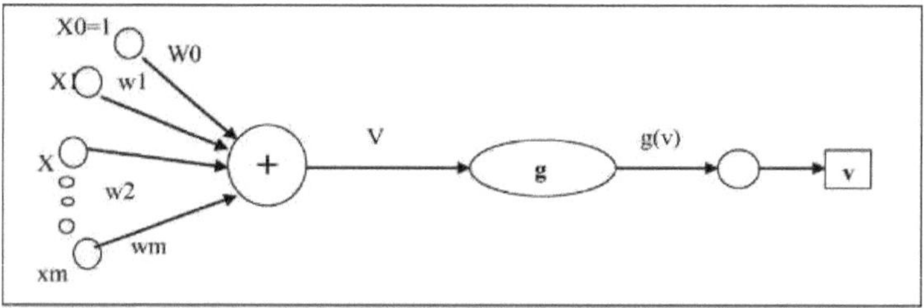

Fig. 2.2 - Neural Network Architectures

Embora existam numerosas arquitecturas diferentes de redes neurais que foram estudadas por investigadores, a aplicação mais bem sucedida na prospecção de dados de redes neurais tem sido as redes de alimentação de várias camadas. Estas são redes em que existe uma camada de entrada constituída por nós que simplesmente aceitam os valores de entrada e a camada sucessiva de nós que são neurónios, tal como ilustrado na Figura 2.3. A camada de saída é chamada camada de saída. As camadas entre a entrada e a saída são conhecidas como camadas ocultas.

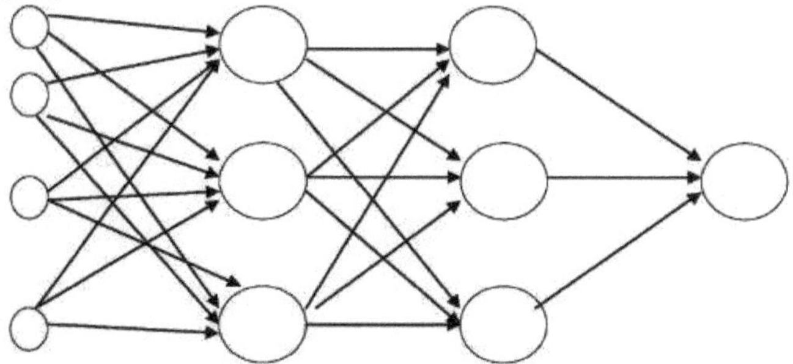

Fig. 2.3 - Camadas Ocultas ANN

Numa formação supervisionada, consideremos um caso em que uma rede neural é utilizada para prever uma quantidade numérica, há um neurónio na camada de saída e a sua saída é a previsão. Quando a rede é utilizada para classificação, a camada de saída tem tipicamente tantos nós como o número de classes e o nó da camada de saída com o maior valor de saída dá a estimativa da rede da classe para uma determinada entrada. No caso especial de duas classes é comum ter apenas um nó na camada de saída, sendo a classificação entre as duas classes feita através da aplicação de um recorte ao valor de saída no nó.

Vantagens:

• Uma rede neural pode realizar tarefas que um programa de revestimento não pode realizar.

• Quando um elemento da rede neural falha. Pode continuar sem qualquer problema pela sua natureza paralela.

• Uma rede neural aprende e não precisa de ser reprogramada.

• Pode ser implementado em qualquer aplicação.

• Pode ser implementado sem qualquer problema.

<u>Desvantagens:</u>
- A rede neural necessita de formação para funcionar.
- A arquitectura de uma rede neural é diferente da arquitectura dos microprocessadores, pelo que é necessário emular.
- Requer um elevado tempo de processamento para grandes redes neurais.

2.2 <u>Formação de Redes Neurais:</u>

A Rede de Neurónios Lineares Adaptativos é semelhante à percepção, mas a sua função de transferência é linear em vez de dura limitação. Isto permite que as suas saídas assumam qualquer valor, enquanto que a saída de percepção é limitada a 0 ou 1. Tanto a Rede de Neurónios Lineares Adaptativos como a percepção só podem resolver problemas separáveis linearmente. No entanto, aqui é utilizada a regra de aprendizagem dos mínimos quadrados médios, que é muito mais poderosa do que a regra de aprendizagem da percepção. A regra de aprendizagem Menos Quadrados MEAN, ou Windrow- Hoff, minimiza o erro quadrático médio e, assim, move os limites de decisão o mais longe que pode dos padrões de treino. A tatuagem das redes lineares é ajustada a cada passo, com base em novos vectores de entrada e alvo, podendo encontrar peso e enviesamentos que minimizam o erro de soma quadrática da rede para os vectores de entrada e alvo recentes. As redes deste tipo são frequentemente utilizadas no cancelamento de erros, processamento de sinais e sistemas de controlo.

A formação adaptativa de uma rede auto-organizadora e competitiva. Uma rede neural tem de ser configurada de modo a que a aplicação de um conjunto de entradas produza directamente ou através de um processo de relaxamento, o conjunto desejado de saídas; existem vários métodos para definir os pontos fortes das ligações. Uma forma é definir os pesos explicitamente usando um Conhecimento Priori. Outra forma é 'treinar' a rede neural, alimentando-a com padrões de ensino e deixando-a mudar os seus pesos de acordo com algumas regras de aprendizagem Paradigmas de aprendizagem.

Em redes de avanço de camada única para tarefas de classificação e para tarefas de aproximação de funções foi discutido o poder representativo das redes de avanço de camada única e foram apresentados dois algoritmos de aprendizagem para encontrar os pesos óptimos.

Podemos classificar as situações de aprendizagem em dois tipos distintos.

Estes são os seguintes como:-

<u>Aprendizagem supervisionada ou aprendizagem associativa:</u> na qual a rede é treinada, fornecendo-lhe contributos e padrões de saída correspondentes. Estes pares de inputoutput podem ser fornecidos por um professor externo, ou pelo sistema que contém as redes neuronais auto-supervisionadas.

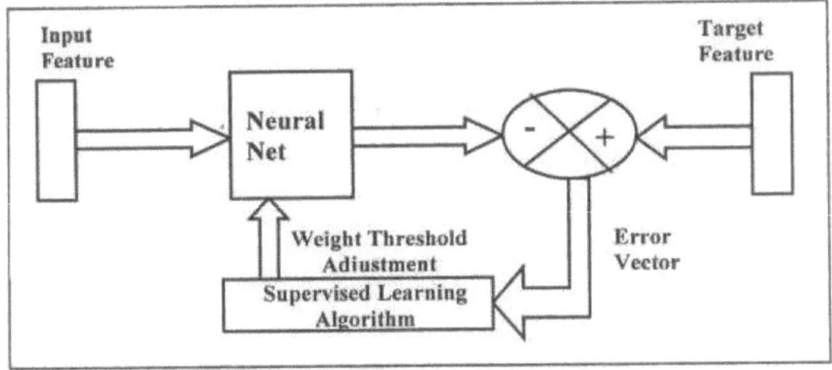

Fig 2.4 Aprendizagem supervisionada

Aprendizagem sem supervisão ou Auto-organização: na qual uma unidade é treinada para responder a clusters de padrões dentro do input. Neste paradigma, o sistema deve descobrir características estatisticamente salientes da população de entrada. Ao contrário do paradigma da aprendizagem supervisionada, não existe um conjunto a priori de categorias nas quais os padrões devem ser classificados, mas sim os sistemas devem desenvolver a sua própria representação dos estímulos de entrada.

Reforço da aprendizagem: Este tipo de aprendizagem pode ser considerado ad san forma intermédia dos dois tipos de aprendizagem acima referidos. Aqui A máquina de aprendizagem faz alguma acção sobre o ambiente e recebe uma resposta de feedback do ambiente. O sistema de aprendizagem classifica a sua acção como boa (recompensadora) ou má (punível) com base na resposta ambiental e, consequentemente, ajusta os seus parâmetros. Geralmente, o ajustamento dos parâmetros é continuado até ocorrer um estado de equilíbrio, após o qual não haverá mais alterações nos seus parâmetros. A aprendizagem neural auto-organizadora pode ser categorizada sob este tipo de aprendizagem.

As simples redes aqui apresentadas têm as suas vantagens e desvantagens.

Vantagem: A vantagem é a linearidade do sistema o algoritmo de treino irá convergir para a solução óptima, o que já não é o caso para sistemas não lineares, tais como redes de múltiplas camadas.

Desvantagens: A desvantagem é o limitado poder de representação que só podem ser construídos classificadores lineares ou, no caso de aproximação de funções, só podem ser representadas funções lineares.

2.3 Camada da Rede Neural:

2.3.1 Rede de Camada Única:

Rede neural com apenas uma camada de neurónios (camada de saída apenas, no0 camadas ocultas.) Esta rede mais simples consiste em apenas um neurónio com a função **g** escolhida para ser a função de identidade, **g(v) = v** para todos **v.** Neste caso note que a saída da rede é

$$V = \Sigma_J^M =_O WJXJ$$ Função linear do vector de entrada **x** com componentes **XJ**. Se estivermos a modelar a variável dependente **y** regressão linear múltipla,

podemos interpretar a rede neural como uma estrutura que prevê um valor y para um dado vector de entrada x com o peso a ser os coeficientes. Se escolhermos estes pesos para minimizar o erro quadrático médio usando a observação num conjunto de treino, estes pesos seriam simplesmente as estimativas dos coeficientes de mínimos quadrados. Os pesos nas redes neurais são também frequentemente concebidos para minimizar o erro quadrático médio num conjunto de dados de treino. Existe, contudo, uma orientação diferente no caso das redes neurais: os pesos são "aprendidos". A rede é apresentada com casos dos dados de treino um de cada vez e os pesos são revistos após cada caso, numa tentativa de minimizar o erro quadrático médio. Este processo de ajuste incremental dos pesos baseia-se no erro cometido nos casos de treino e é conhecido como "treino" da rede neural. O algoritmo de actualização dinâmica quase universalmente utilizado para a versão da rede neural de regressão linear é conhecido como Windrow-Ho. Regra ou o algoritmo LMS (Least-Mean-Square). É simplesmente afirmado. Que x(i) denote o vector de entrada x para o com caixa utilizado para treinar a rede, e os pesos antes deste caso ser apresentado à rede pelo vector w(i).

A regra de actualização é

$$\mathbf{W(i+1) = w(i)+n(y(i) \quad --y(i)\ x(i)} \qquad \mathbf{with\ w(0) = 0.}$$

Pode ser demonstrado que se a rede for treinada desta forma, apresentando repetidamente observações de dados de teste, uma de cada vez, então para um número suficientemente pequeno

Os valores (absolutos) da rede aprenderão (convergirão para) os valores óptimos de w. Note-se que os dados de formação podem ter de ser apresentados várias vezes para w(i) estar perto do óptimo w. A vantagem da dinâmica é que a rede segue tendências temporais moderadas no modelo linear subjacente de forma bastante eficaz. Se considerarmos a utilização da rede neural de camada única para classificação em classes c, utilizaríamos nós c na camada de saída. Se pensarmos na análise discriminatória clássica em termos de rede neural, os coeficientes nas funções de classificação de Fisher dão-nos pesos para a rede que são Óptimos se os vectores de entrada vierem de distribuições Normais Multivariadas com uma matriz de covariância Comum. Para a classificação em duas classes, a abordagem de optimização linear que examinámos em classe, pode ser vista como a escolha de pesos óptimos numa rede neural de camada única, utilizando a função objectiva apropriada. Os coeficientes de máxima verosimilhança para regressão logística também podem ser considerados como pesos numa rede neural para minimizar uma função dos resíduos chamada desvio. Neste caso, a função logística $\mathbf{g(v)= ev/1+ev!}$ A função de activação é para o modo de saída?

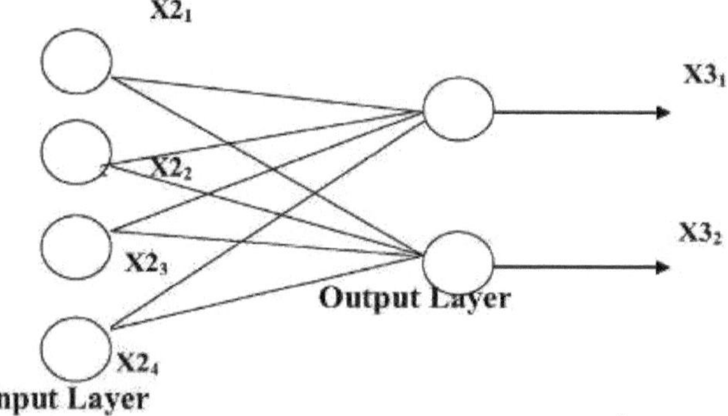

Fig. 2.5 - Rede Neural Artificial de Camada Única

2.3.2 Redes Neurais Multilayer:

As redes neurais multicamadas são, sem dúvida, as redes mais populares utilizadas em aplicações. Embora seja possível considerar muitas funções de activação, na prática verificou-se que a função logística (também chamada Sigmoid) $g(v)= ev/1+ev!$ como a activação

A função funciona melhor. De facto, o renascimento do interesse em redes neurais foi provocado pelo sucesso no treino de redes neurais usando esta função no lugar da função de passo histórico. Note-se que a utilização de uma função linear não alcança nada em redes de multicamadas que, para além do que pode ser feito com redes de camada única com função de activação linear. O valor prático da função logística resulta do facto de ser quase linear na gama onde g está entre 0,1 e 0,9 mas tem um esmagamento, etc. em valores muito pequenos ou muito grandes de v. Em teoria é suficiente considerar redes com duas camadas de neurónios - uma camada oculta e uma camada de saída - e este é certamente o caso da maioria das aplicações. Há, contudo, uma série de situações em que

Aí e por vezes quatro e Camadas têm sido mais eficazes. Para a previsão, o nó de saída é frequentemente dado uma função de activação linear para fornecer previsões que não se limitam ao intervalo de zero a um. Uma alternativa é escalar a saída para a parte linear (0,1 a 0,9) da função logística. Infelizmente, não existe uma teoria clara para orientar a utilização na escolha do número de nós em cada camada oculta ou mesmo o número de camadas. A prática comum é utilizar tentativa e erro, embora existam esquemas para combinar métodos de optimização, tais como algoritmos genéticos com treino em rede para estes parâmetros. Uma vez que o rasto e o erro são uma parte necessária das aplicações de redes neurais, é importante ter uma parte de compreensão do método padrão utilizado para treinar uma rede multicamadas: propagação posterior. Não é exagero dizer que a velocidade do algoritmo de propagação de retorno fez das redes neurais uma ferramenta prática, da mesma forma que o método simplex fez da optimização linear uma ferramenta prática. O ressurgimento do forte interesse em redes neurais em meados dos anos 80 foi em grande medida devido à eficiência do algoritmo de propagação de dorso.

O tipo mais comum de rede neural artificial consiste em três grupos, ou camadas, de unidades: uma camada de unidades **"de entrada"** está ligada a uma camada de unidades **"escondidas"**, que está ligada a uma camada de unidades **"de saída"**.

1. A actividade das unidades de entrada representa a informação em bruto que é alimentada na rede.

2. A actividade de cada unidade oculta é determinada pelos activados das unidades de entrada e pelos pesos nas ligações entre a entrada e as unidades ocultas.

3. O comportamento das unidades de saída depende da actividade das unidades ocultas e dos pesos entre as unidades ocultas e de saída.

Este tipo simples de rede é interessante porque as unidades ocultas são livres de construir as suas próprias representações do input. Os pesos entre a entrada e as unidades ocultas determinam quando cada unidade oculta está activa, e assim, ao modificar estes pesos, uma unidade oculta pode escolher o que representa.

Também distinguimos arquitecturas de camada única e multi-camada. A organização de camada única, na qual todas as unidades estão ligadas umas às outras, constitui o caso mais geral e tem mais potencial de poder computacional do que as organizações multi-camadas hierarquicamente estruturadas. Em redes multicamadas, as unidades são frequentemente numeradas por camada, em vez de seguirem uma numeração global.

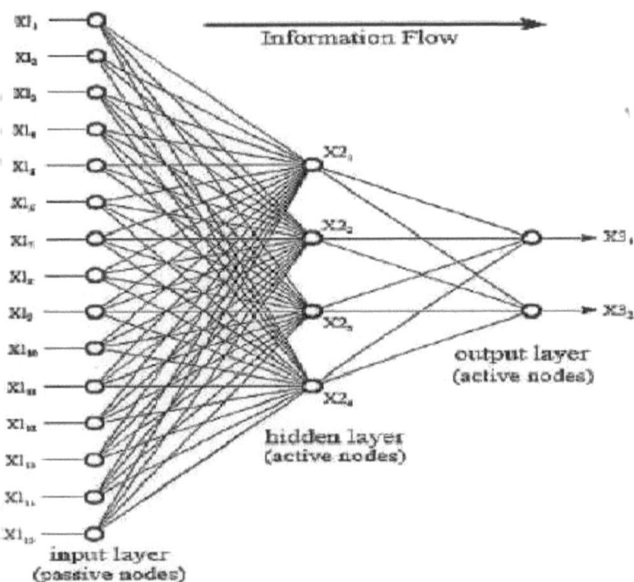

Fig 2.6 - Multi Camadas ANN

Capítulo - 3

Lógica Fuzzy

3.1 INTRODUÇÃO:

Lógica difusa é lógica. A lógica refere-se ao estudo de métodos e princípios do raciocínio humano. A lógica difusa tem sido objecto de investigação importante. É uma ferramenta matemática para lidar com a incerteza e também fornece uma técnica para lidar com a imprecisão e a granularidade da informação. O objectivo nesta secção não é discutir em profundidade a lógica difusa, mas sim apresentar esta parte do assunto são necessários para a compreensão desta dissertação e para a comparação com a lógica Fuzzy Neuro oferece uma forma particularmente conveniente de gerar um mapeamento apurado entre os espaços de entrada e de saída graças à expressão natural das regras Fuzzy. Existem alguns módulos principais: as primeiras etapas transformaram a tabela de classificação numa classificação contínua, este processo chama-se Fuzzificação. Estes são depois processados na exportação do domínio fuzzy. Finalmente, o processo de tradução dos membros de volta do fuzzy para um único valor "mundo real" chama-se Defuzzification.

A lógica difusa é uma forma de lógica multivalorizada derivada da teoria do conjunto difuso para lidar com o raciocínio que é aproximado e não preciso. Em contraste com a "lógica nítida", onde os conjuntos binários têm lógica binária, as variáveis da lógica difusa podem ter um valor de membro não só de 0 a 1 que é o grau de verdade de uma afirmação pode variar entre 0 a 1 e não é limitado aos dois valores de verdade da lógica proposicional clássica. A teoria de conjuntos de lógica difusa surgiu como consequência da proposta de 1965 da teoria de conjuntos de lógica difusa de Lotfi Zadeh. A lógica difusa tem sido aplicada a muitos campos, desde a teoria do controlo até à inteligência artificial, continua a ser controversa entre a maioria dos estaticistas. A lógica Fuzzy e alguns engenheiros de controlo que preferem a lógica tradicional de dois valores. A lógica difusa parece por vezes exótica ou intimidatória para quem não está familiarizado com ela, mas uma vez que se familiariza com ela, parece quase surpreendente que ninguém a tenha tentado mais cedo. A lógica difusa é tanto antiga como nova porque embora a ciência moderna e metódica da lógica difusa seja ainda jovem, os conceitos de fuzzy chegam até aos nossos ossos. A lógica difusa é uma forma conveniente de mapear um espaço de entrada para um espaço de saída. Este é o ponto de partida para tudo o resto, e a grande ênfase aqui é na palavra "conveniente".

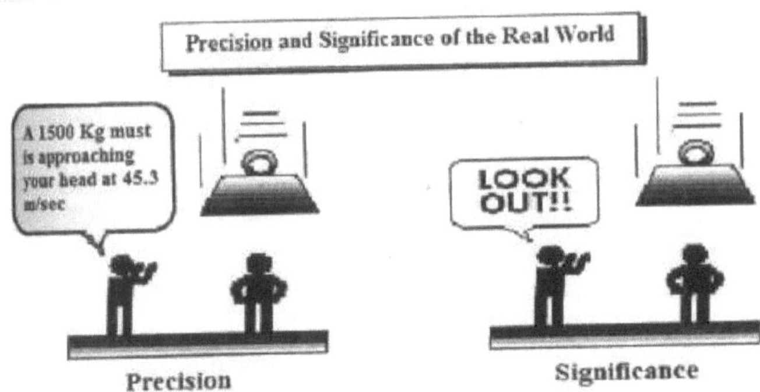

A figura 3.1 explica claramente a situação de precisão e significado e aqui vem o poder da lógica fuzzy. Diz-me como foi bom o seu serviço num restaurante, e eu digo-lhe qual deve ser a dica. Diz-me quão quente quer a água, e eu" ajustarei a válvula da torneira para o ajuste correcto. Diz-me a que distância está o assunto da sua fotografia, e eu focalizo a lente para si. Diz-me a que velocidade vai o carro e a que velocidade o motor está a trabalhar, e eu" desligo as mudanças para si.

Base de Regras Fuzzy

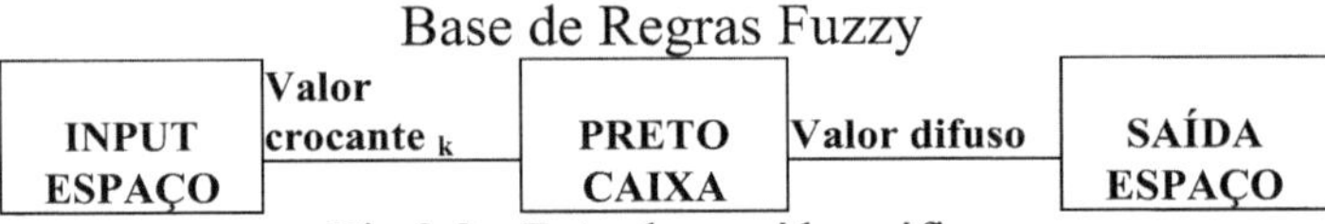

Fig 3.2 - Entrada e saída gráfica

A Figura 3.2 mostra o processo global da lógica difusa. É tudo apenas uma questão de mapear as entradas para a saída apropriada. Entre a entrada e a saída vamos colocar uma caixa negra que faz o trabalho. O que poderia ir na caixa negra? Qualquer número de coisas" sistemas fuzzy, sistemas lineares, sistemas especializados, redes neurais, equações diferenciais, tabelas interpoladas de pesquisa multidimensional, ou mesmo um conselheiro espiritual, só para citar algumas das opções possíveis. "Em quase todos os casos é possível construir o mesmo produto sem uma lógica fuzzy, mas fuzzy é mais rápido e mais barato".

Importante da lógica Fuzzy:
- A lógica difusa é conceptualmente fácil de compreender.
- A lógica Fuzzy é flexível.
- A lógica difusa é tolerante a dados imprecisos.
- A lógica difusa pode modelar funções não lineares de complexidade arbitrária.
- A lógica difusa pode ser construída sobre a experiência dos peritos.
- A lógica difusa pode ser misturada com técnicas de controlo convencionais.
- A lógica Fuzzy é baseada na linguagem natural.

3.2 Função de membro:
Uma função de membro é uma curva que define como cada ponto do espaço de entrada é mapeado para um valor de membro entre 0 e 1. Na fig. 3.3, o espaço de entrada é por vezes referido como o universo do discurso, um nome

extravagante para um conceito simples. Um dos exemplos mais utilizados de conjunto difuso é o conjunto de pessoas altas. Neste caso, o universo do discurso é todo o potencial das alturas, digamos de 3 pés a 9 pés, e a palavra "alto" corresponderia a uma curva que define o grau em que qualquer pessoa é alta. Se o conjunto de pessoas altas nos dá o limite bem definido (nítido) de um conjunto clássico, podemos dizer que todas as pessoas mais altas são oficialmente consideradas altas com 1,80 m. Mas uma tal distinção é claramente absurda. Pode fazer sentido considerar o conjunto de todos os números reais superiores a seis porque os números pertencem a um plano abstracto, mas quando queremos falar de pessoas reais, não é razoável chamar uma pessoa baixa e outra alta quando estas diferem em altura pela largura de um cabelo.

Fig 3.3 Universo do Discurso

Mas se o tipo de distinção mostrado acima é impraticável, então qual é a forma correcta de definir o conjunto de pessoas altas. Tal como com a nossa trama de dias de fim-de-semana, a figura abaixo mostra uma curva de variação suave que passa

De não alto a alto. O eixo de saída é um número conhecido como o valor de adesão entre 0 e 1. A curva. Esta é conhecida como uma função de membro e é frequentemente dada a designação de curva que define a transição de não alto para alto. Ambas as pessoas são altas até certo grau, mas uma é significativamente menos alta do que a outra. Na figura seguinte (Figura 3.4) demonstra o conceito de adesão na primeira figura, uma variável linguística fuzzy de altura é desenhada utilizando a lógica convencional, enquanto na figura seguinte há um grau contínuo de adesão para altura.

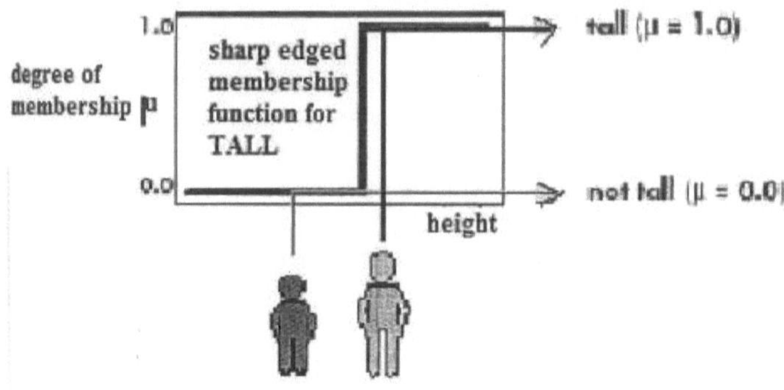

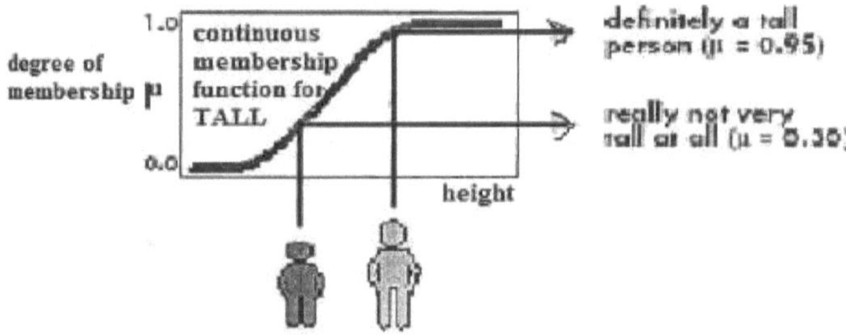

Fig 3.4 Grau de Membro

As interpretações dos temas e as unidades apropriadas são incorporadas em conjuntos difusos. Se eu disser "Ela é alta", a "alta" já deve ter em conta se me estou a referir a uma mulher de seis anos ou a uma mulher adulta. Da mesma forma, as unidades são incluídas na curva. Certamente não faz sentido dizer "Ela é alta em polegadas ou em metros?".

A função de membro é uma representação gráfica da magnitude da participação de cada entrada. Associa uma ponderação a cada um dos inputs processados, define a sobreposição funcional entre inputs, e determina, em última análise, uma resposta de saída. As regras utilizam os valores de participação dos inputs como factores de ponderação para determinar a sua influência sobre os conjuntos de saída Fuzzy dos conjuntos de saída Fuzzy da conclusão final da saída. Uma vez que as funções são inferidas, escaladas e combinadas, elas são defuzzificadas numa saída nítida que impulsiona o sistema.

Existem diferentes funções de adesão associadas a cada resposta de entrada e saída. Algumas características a ter em conta são: SHAPE -

1. **Triangular** é comum, mas a campainha, figura 3.5 e figura 3.8 mostra o Triangular MF.

2. **Trapezoidal**, tem seno e, é mostrado na figura 3.6.

A função de navio de membro triangular com linhas rectas pode ser formalmente definida como se segue:

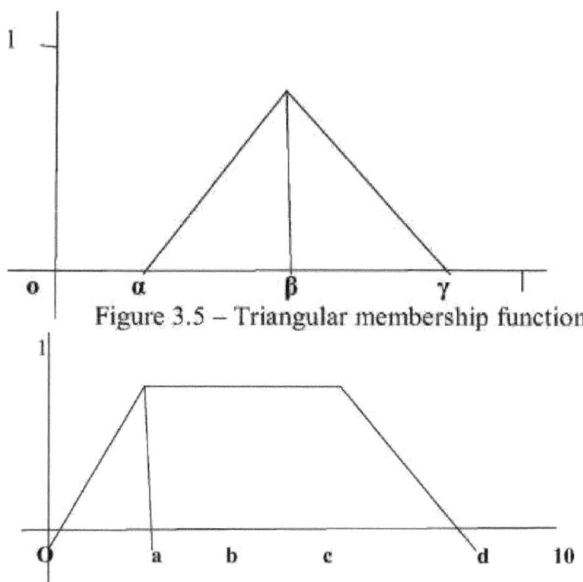

Figure 3.5 – Triangular membership function

Figura 3.5 - Função de membro triangular
Figura 3.6 - Função de membro trapezoidal

3. Função de membro da Combinação Gaussiana...

Uma função de membro gaussiano é definida por

$$G(u:m, \sigma) = \exp\left[-\{(u-m)/\sqrt{2}\,\sigma\}\,2\right]$$

Onde os parâmetros **m e o** controlam o centro e a largura da função de membro. Um gráfico da função de membro Gaussiano é apresentado n figura - 3.7.

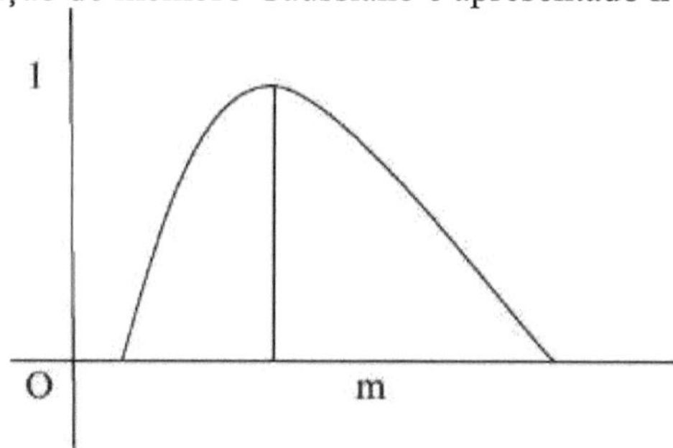

Figura 3.7 - Função de membro Gaussiano

Na figura nº 3.8 são explicadas as características do MF triangular, nas quais são possíveis funções mais complexas mas que requerem uma maior sobrecarga informática para serem implementadas. ALTURA ou magnitude (normalmente normalizada a 1) LARGURA (da base da função), ESCOLHIMENTO (altura do fecho ou máximo se uma função exterior. Funções ombreiras avaliadas como 1.0 passado

o seu centro) CENTRO (centro da forma da função) OVERLAP (N&Z, Z&P, normalmente cerca de 50% da largura mas pode ser menos).
Função de membro triangular:

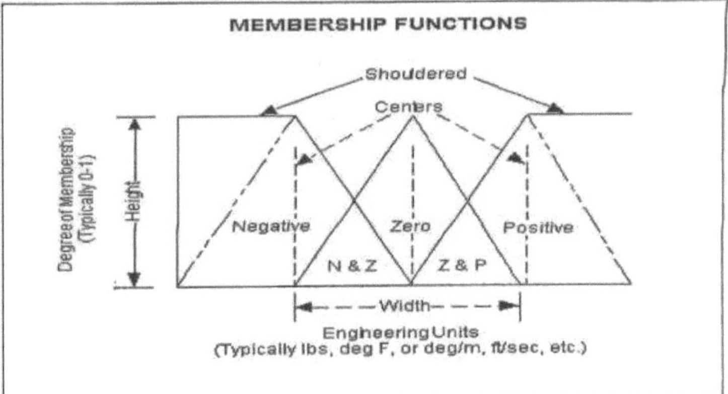

Figura 3.8 - Características de uma função de membro triangular

Figura 3.7 Características da função de membro triangular que é utilizada neste exemplo devido à sua simplicidade matemática. Outras formas podem ser utilizadas mas a forma triangular presta-se a esta ilustração. O grau de adesão é determinado ligando o parâmetro de entrada seleccionado (erro ou ponto de erro) ao eixo horizontal e projecção vertical para o limite superior da unção de adesão.

Função de adesão Error & Error-dot:

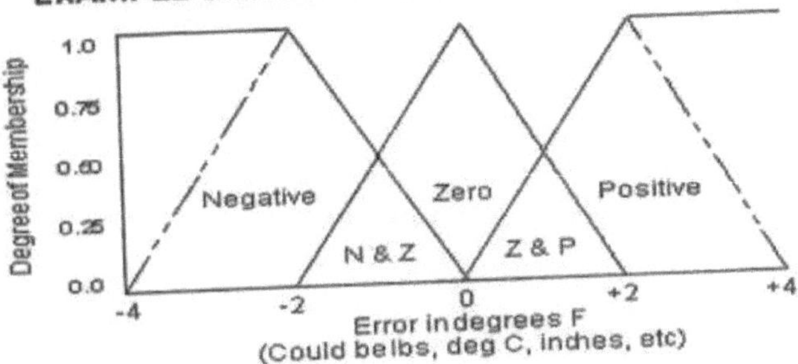

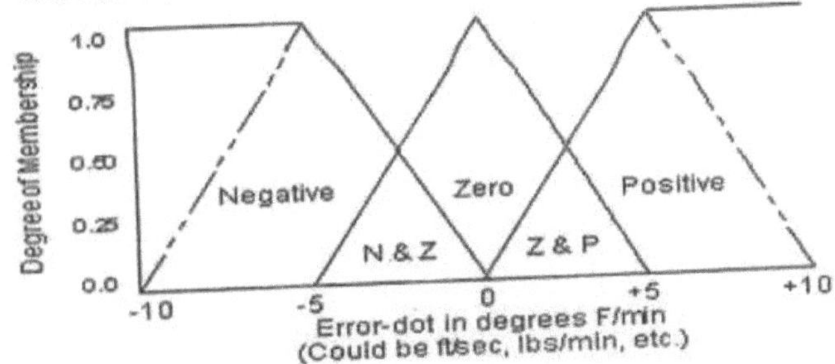

Fig 3.9 Erro e Função de Membro de Ponto de Erro

A figura 3.9 mostra a fuzzificação e "erro" de -1.0 e um "errordot" de +2.5. Estas condições particulares de entrada indicam que o feedback excedeu o comando e continua a aumentar.

3.3 Operações Fuzzy:

Em Additional Fuzzy Operators definiu apenas uma correspondência particular entre operações lógicas de dois valores e múltiplas valorizações para AND, OR, e Not. Esta correspondência não é, de forma alguma, única. Em termos mais gerais, está a definir o que é conhecido como intersecção ou conjunção fuzzy (AND), união fuzzy ou disjunção (OR), e complemento fuzzy (NOT). Os operadores clássicos para estas funções são: AND = min, OR = max, e NOT = complemento aditivo.

Há várias operações de lógica Fuzzy, estas são:

(i) Intersecção:

A intersecção de dois conjuntos difusos A e B é especificada em geral por uma cartografia binária T. que agrega duas funções de membro, como se segue:

$$T = \mu A \cap B\ (x) = T\ (\mu A(x),\ \mu B(x))$$

Exemplo:

O operador binário T pode representar a multiplicação de μJ(x) e μB(x).

(ii) União:

A união difusa de dois conjuntos difusos A e B é especificada em geral por um mapeamento binário S.

$$S = \mu A \cup B\ (x) = S\ (\mu A(x),\ \mu B(x))$$

Exemplo:
O operador binário S pode representar a adição de цA(x) e цB(x).
(iii)Complemento:
O complemento difuso de um conjunto difuso A é negativo para a função de membro especificada. Isto é denominado como critério negativo.

$$\mu\text{-}A = 1\text{-}\mu\text{-}A$$

3.4 ANFIS (Hybrid Tools in Soft Computing):
Um **Sistema de Inferência Neurofuzzy Adaptativo (ANFIS)** é um método que incorpora uma rede neural e um **Sistema de Inferência Fuzzy (FIS)**. Uma rede adaptativa é uma rede de alimentação multicamadas em que cada nó (neurónio) desempenha uma função particular nos sinais de entrada. A forma das funções do nó pode variar de nó para nó. Numa rede adaptativa, existem dois tipos de nós: adaptável e fixo. A função e o agrupamento dos neurónios dependem da função global da rede. Com base na capacidade de um ANFIS aprender com os dados de formação, é possível criar uma estrutura ANFIS a partir de uma representação matemática extremamente limitada do sistema. A arquitectura ANFIS pode identificar as funções de membro quase óptimo do controlador lógico fuzzy para alcançar os mapeamentos de entrada/saída desejados. A rede aplica uma combinação do método dos mínimos quadrados e o método de descida do gradiente de propagação de retorno para o treino da função de membro FIS para emular um dado conjunto de dados de treino. O sistema converge quando os erros de treino e verificação estão dentro de um limite aceitável. O sistema ANFIS gerado pela caixa de ferramentas fuzzy disponível em MATLAB^{TM} permite a geração de um sistema padrão de interface fuzzy estilo Sugeno ou um sistema de inferência fuzzy baseado na subclassificação dos dados.
ANFIS Control Application to Cell Culture foi desenvolvido o desenvolvimento de um sistema de controlo neuro-fuzzy para a cultura de células recombinantes. O sistema introduzido aprendeu a dinâmica do bioprocesso sob a forma de um sistema de inferência difusa e também estimou os principais parâmetros do processo controlado. Para produzir uma proteína recombinante, é extremamente importante optimizar e controlar os bioprocessos com base no conhecimento do comportamento genético, metabólico e cinético de uma célula. No entanto, não é simples devido ao facto de o sistema biológico ser altamente não linear, variante temporal, e complexo. Alguns sistemas de controlo inteligentes foram implementados para o controlo do cultivo de E. coli e levedura recombinante, nomeadamente, pH difuso, rede neural difusa, e controlo difuso associado a um estimador de rede neural.
3.5 Aplicação da Lógica Fuzzy:
Fuzzy Logic apresentada por Zadeh (1965) fornece uma linguagem que utiliza a

sintaxe e a semântica local, através da qual podemos traduzir os conhecimentos qualitativos relativos a um problema a ser resolvido. A principal característica da Fuzzy Logic é a força do seu sistema lógico interpolador. Como as redes neurais artificiais precisam e o instrutor precisa de dar informações para a aprendizagem, ele imita o instrutor repetindo precisamente o que o instrutor trabalha precisamente no mesmo estado. A Lógica Fuzzy enfatiza as regras que mapeiam os estados para as acções. Não tenta imitar precisamente o que o instrutor realiza, mas pretende extorquir o núcleo do processo de tomada de decisões do instrutor. As ideias difusas desenvolvem-se a partir de incidentes difusos que geralmente acontecem na humanidade natural. Por exemplo, a partir de um relatório difuso de hoje a chover muito. Uma vez que não existe uma fronteira óbvia entre chuva e chuva forte, no sistema de detecção de intrusão, pedimos que se escreva uma regra como a que se segue e exigimos uma razão em relação a uma quantidade como o número de diversos endereços IP de destino nos últimos dois segundos:

SE o número de diversos endereços de destino nos últimos n segundos for grande ENTÃO

Existe um estado inusitado;

Há outro também;

Em que criado a partir da combinação da lógica fuzzy e da rede neural que é chamada de mapa cognitivo fuzzy que dá um eficiente soft computing significa que ajuda o desempenho adaptativo através do qual se baseia em conhecimentos experimentais anteriores que podem ser utilizados para a descrição da lógica. Os blocos de construção dos modelos neurofuzzy são funções não lineares como a função logística para muitas redes neurológicas e a função geral de campainha para o regulador fuzzy. Estas funções não lineares combinam os meios de ponderação linear para alcançar o mapeamento funcional composto necessário que retrata o trabalho de controlo em mãos.

Capítulo -4

Algoritmo genético

4.1 Introdução:

Os algoritmos genéticos são uma parte da computação evolutiva, que é uma área de inteligência artificial em rápido crescimento. Como se pode adivinhar. Os algoritmos genéticos são inspirados pela teoria de Darwin sobre a evolução. Dito de forma simples, a solução para um problema resolvido pelos algoritmos genéticos é evoluída.

Algoritmo Genético se dependesse da regra da genética empregando algoritmos cromossómicos como o cruzamento e a mutação (Booker, Goldberg e Holland 1990; Goldberg 1989, Koza 1992). Nestes métodos, o resultado possível sofre uma série de mutações unárias e de alterações de ordem superior. Após um certo número de reacções de convergência de algoritmos, os melhores cidadãos representam a melhor solução necessária. Uma vez que os algoritmos genéticos podem ser executados ao nível do código da máquina, será rápido observar as intrusões numa abordagem em tempo real.

Na indução computorizada do código da máquina por programação genética, as entidades são utilizadas directamente como código binário na memória e implementadas directamente sem serem enviadas como intérpretes através do cálculo da robustez. O processo de selecção do torneio de programação genética coloca a menor tensão de selecção nas entidades, permitindo que apenas duas pessoas contribuam para o torneio. Uma cópia do vencedor substitui o perdedor de cada torneio. O processo de formação dos itens mais funcionais é chamado selecção de características numa literatura de aprendizagem de máquinas, os algoritmos genéticos são utilizados para escolher as medidas da pista de auditoria que são os melhores indicadores para outros tipos de intrusões e para a função de associação para o fuzzy ajustável.

Algoritmo é encarado com um conjunto de soluções (representadas por cromossomas) chamado população. As soluções de uma população são tomadas e utilizadas para formar uma nova população. Isto é motivado por uma esperança de que a nova população seja melhor do que a antiga. As soluções que são seleccionadas para formar novas soluções (descendentes) são seleccionadas de acordo com a sua aptidão - quanto mais adequadas são, mais hipóteses têm de se reproduzir. Isto repete-se até que alguma condição (por exemplo, número de populações ou melhoria da melhor solução) seja satisfeita.

Classificação:

Lee e Kim (1999) usam GAs para refinar o sistema de classificação do seguro automóvel privado de passageiros coreano. O trabalho utiliza uma metodologia de aprendizagem híbrida que integra algoritmos genéticos e aprendizagem em árvore de decisão. Primeiro, a AG foi utilizada para explorar o espaço de todos os subconjuntos possíveis de um grande conjunto de variáveis discriminatórias candidatas, depois as variáveis candidatas, depois os subconjuntos de variáveis candidatas foram avaliados utilizando um algoritmo de indução de árvore de decisão para produzir um

Classificador a partir das variáveis dadas e dos dados de formação. Como marca de referência, o desempenho da classificação desta técnica foi comparado com o obtido utilizando o modelo lógico.

História:

A ideia de computação evolutiva foi introduzida nos anos 60 por 1. Rechen berg no seu trabalho, "Estratégias de evolução" (Estratégias de evolução no original). A sua ideia foi então desenvolvida por outro investigador. Algoritmos Genéticos (Gás) foram inventados por John Holland e desenvolvidos por ele e pelos seus estudantes e colegas. Isto levou ao livro de Holland "Adaptação em Sistemas Naturais e Artificiais" publicado em 1975.

Em 1992 John Koza utilizou o algoritmo genético para fazer evoluir os programas a fim de realizar certas tarefas. Ele chamou ao seu método "Programação Genética" (GP). Foram utilizados programas LISP, porque os programas nesta linguagem podem ser expressos sob a forma de uma "árvore parse", que é o objecto em que a AG trabalha.

4.2 Antecedentes Biológicos:

Todos os organismos vivos são constituídos por células. Em cada célula existe o mesmo conjunto de cromossomas. Os cromossomas são cordas de ADN e servem de modelo para todo o organismo. Um cromossoma é constituído por genes, blocos de ADN. Cada gene codifica uma determinada proteína. Basicamente, pode dizer-se que cada gene codifica uma característica, por exemplo, a cor dos olhos. Possíveis configurações para um traço (por exemplo, azul, castanho) são chamados alelos. Cada gene tem a sua própria posição no cromossoma. Esta posição é chamada locus.

O conjunto completo de material genético (Todos os cromossomas) é chamado genoma. Um conjunto particular de genes no genoma é chamado genótipo. O genótipo tem um desenvolvimento posterior após o nascimento do fenótipo do organismo, as suas características físicas e mentais, tais como a cor dos olhos, inteligência, etc.

Durante a reprodução, o punho ocorre recombinação (ou cruzamento). Os genes dos pais formam, de alguma forma, todo o novo cromossoma. A nova descendência criada pode então ser mutada. Mutação significa, que os elementos do ADN são um pouco alterados. Estas alterações são principalmente causadas por erros na cópia de genes dos pais. A aptidão do organismo e do organismo é medida pelo sucesso do organismo na sua vida.

4.3 Espaço de pesquisa:

Se estamos a resolver algum problema, estamos geralmente à procura de alguma solução, que será a melhor entre outras. O espaço de todas as soluções viáveis (significa objectos entre aqueles que são a solução desejada) é chamado espaço de pesquisa (também espaço de estado). Cada ponto do espaço de pesquisa representa uma solução viável. Cada solução viável pode ser "Marcada" pelo seu valor ou aptidão para o problema. Estamos à procura da nossa solução, que é um ponto (ou mais) entre as soluções viáveis, que é um ponto no espaço de busca.

A procura de uma solução é então igual a uma procura de algum extremo (mínimo ou máximo) é o espaço de procura. O espaço de pesquisa pode ser inteiramente conhecido no momento de resolver um problema, mas normalmente só conhecemos alguns pontos a partir dele e estamos a gerar outros pontos à medida que o processo de encontrar uma solução continua.

4.4 Operadores da GA:

Visão geral:

Como podemos ver pelo esboço do algoritmo genético, o cruzamento e a mutação são a parte mais importante do algoritmo genético. O desempenho é influenciado principalmente por estes dois operadores. Antes de podermos explicar mais sobre o cruzamento e a mutação, será dada alguma informação sobre os cromossomas.

Codificação de um Cromossoma:

O cromossoma deve, de alguma forma, conter informação sobre a solução que representa. A forma mais utilizada de codificação é uma cadeia binária. O cromossoma poderia então ter este aspecto:

Cromossoma 1	1101100100110110
Cromossoma 2	1101111000011110

Cada cromossoma tem um ferrão binário. Cada pedaço desta corda pode representar alguma característica da solução. Ou toda a corda pode representar um número - isto foi utilizado no applet básico da AG.

É claro que existem muitas outras formas de codificação. Isto depende principalmente do problema resolvido. Por exemplo, pode-se codificar directamente números inteiros ou reais, por vezes é útil codificar alguma permutação e assim por diante.

Crossover:

Depois de termos decidido que codificação vamos utilizar, podemos dar um passo para o cruzamento. O crossover selecciona genes dos cromossomas pais e cria uma nova descendência. A forma mais simples de copiar antes deste ponto a partir de um primeiro progenitor e depois tudo depois de uma cópia do ponto de cruzamento a partir do segundo progenitor.

Crossover pode então parecer-se com isto(| é o ponto de cruzamento):

Cromossoma 1	11011|00100110110
Cromossoma 2	11011|11000011110
Descendência 1	11011|11000011110
Descendência 2	11011|00100110110

Existem outras formas de fazer crossover, por exemplo, podemos escolher mais pontos de crossover. O crossover pode ser bastante complicado e depende muito de ser feito para um problema específico, podendo melhorar o desempenho do algoritmo genético.

Mutação:

Após a realização de um crossover, ocorre a mutação. Isto é para evitar a queda de toda a solução da população para um óptimo local de problema resolvido. A mutação muda aleatoriamente a nova descendência. Para a codificação binária, podemos mudar alguns bits escolhidos aleatoriamente de 1 para 0 ou de 0 para 1. A mutação pode então ser seguida:

Descendência original 1	110111100001110
Descendência original 2	110110010011010
Descendência mutante 1	110011100001110
Descendência mutante 2	110110110011010

A mutação depende da codificação, bem como do cruzamento. Por exemplo, quando estamos a codificar permutações, a mutação pode estar a trocar dois genes.

4.4 Parametros <u>de AG:</u>

Este capítulo deverá dar-lhe algumas recomendações básicas caso tenha decidido implementar o seu algoritmo genético. Estas recomendações são muito gerais. Provavelmente irá querer experimentar a sua própria AG para um problema específico, porque hoje em dia não existe uma teoria geral que descreva os parâmetros da AG para qualquer problema.

As recomendações resultam frequentemente de alguns estudos empíricos Gás, que muitas vezes foram realizados apenas em codificação binária.

* ## Taxa de cruzamento

A taxa de crossover deve ser geralmente elevada, cerca de **80%-95%.** (No entanto, alguns resultados mostram que para alguns problemas a taxa de cruzamento de dados cerca de 60% é a melhor).

* **Taxa de mutação**

Por outro lado, a taxa de mutação deve ser muito baixa. As melhores taxas reportadas são cerca de 0,5%-1%.

* **Tamanho da população**

Pode ser surpreendente, que uma população muito grande não melhore normalmente o desempenho da AG (no sentido da velocidade de encontrar a solução). Uma boa população de cerca de 20-30, no entanto, por vezes o tamanho 50-100 é reportado como o melhor. Algumas pesquisas também mostram que o melhor tamanho da população depende da codificação, do **tamanho da cadeia codificada**. Isto significa que, se se tiver cromossoma com 32 bits, a população deve ser digamos 32, mas certamente duas vezes mais do que o melhor tamanho da população para cromossoma com 16 bits.

* **Selecção**

A selecção básica da **roleta** pode ser usada, mas por vezes a selecção da classificação pode ser melhor. Consulte o capítulo sobre selecção para ver as vantagens e desvantagens. Há também algum método mais sofisticado, que altera os parâmetros de selecção durante a execução da AG. Basicamente, comportam-se como recozimento simulado. Mas certamente **o elitismo** deve ser usado (se não se usar outro método para guardar a melhor solução encontrada).

Também se pode tentar a selecção em estado estacionário.
- **Codificação**

A codificação **depende do problema** e também da dimensão da instância do problema. Consulte o capítulo sobre codificação para algumas sugestões ou procure outros recursos.
- **Crossover e tipo de mutação**

Os operadores dependem da codificação e do problema. Consulte o capítulo sobre os operadores para algumas sugestões. Pode também verificar outros sítios.

4.6 Aplicações da AG:

Algoritmos gerais têm sido utilizados para problemas difíceis (tais como problemas NP- hard), para a aprendizagem de máquinas e também para a evolução de programas simples. Também têm sido utilizados para alguma arte, para a evolução de imagens e música.

Vantagem da AG: está no seu paralelismo. GA está a viajar num espaço de busca com mais indivíduos (e com genótipo em vez de fenótipo) por isso é menos provável que fiquem presos num extremo local, como alguns outros métodos. São também fáceis de implementar. Uma vez que se tenha alguma AG, basta escrever um novo cromossoma (apenas um objecto) para resolver outro problema. Com a mesma codificação apenas se codifica e a função fitness pode ser difícil.

Desvantagem da AG: está no seu tempo computacional. Podem ser mais lentos do que alguns outros métodos. Mas com os computadores de hoje não é um problema tão grande. Para ter uma ideia dos problemas resolvidos pela GA, aqui está uma pequena lista de algumas aplicações:
- Sistema dinâmico não-linear - previsão, análise de dados
- Desenho de redes neuronais, tanto arquitectura como pesos
- Trajectória do robô
- Evolução do programa LISP(programação genética)
- Planeamento estratégico
- Encontrar a forma das moléculas proteicas
- Problemas de vendas itinerantes e programação de sequências
- Funções para a criação de imagens

Capítulo - 5

Tipo -2 Fuzzy Logic

5.1 Introdução:

Novos métodos para a construção de sistemas inteligentes utilizando lógica fuzzy de tipo 2 e técnicas de computação suave. Soft Computing(SC) consiste em vários paradigmas informáticos, incluindo lógica fuzzy de tipo 1, redes neuronais e algoritmo genético, que podem ser utilizados para criar sistemas híbridos inteligentes poderosos. Estamos a alargar o uso da lógica fuzzy a uma ordem superior, que é chamada lógica fuzzy de tipo 2. Combinando a lógica fuzzy tipo 2 com técnicas SC tradicionais, podemos construir poderosos sistemas híbridos inteligentes que podem utilizar as vantagens que cada técnica oferece.

Consideramos nesta dissertação o uso de lógica difusa de tipo 2 e técnicas tradicionais de SC para resolver a estimativa do esforço. Outros tipos de aplicações podem ser resolvidos com lógica fuzzy de tipo 2 e técnicas de SC, incluindo controlo inteligente, fabrico inteligente.

A lógica difusa é uma área de soft computing que permite a um sistema informático raciocinar com incerteza. Um sistema de inferência difusa consiste no conceito de um conjunto tradicional, permitindo que o grau de adesão seja qualquer valor entre 0 e 1. Isto corresponde, no mundo real, a muitas situações em que é difícil decidir de uma forma inequívoca se algo pertence ou não a uma classe específica. O sistema de perito Fuzzy, por exemplo, tem sido aplicado com algum sucesso a problemas de decisão, controlo, diagnóstico e classificação, apenas porque podem gerir o complexo raciocínio envolvido nestas áreas de aplicação.

A principal desvantagem do sistema fuzzy é que não se podem adaptar a situações em mudança. Por esta razão, é uma boa ideia combinar a lógica fuzzy com a rede neural ou algoritmos genéticos, porque uma destas duas últimas metodologias poderia dar adaptabilidade ao sistema fuzzy. No outro terreno, o conhecimento que é utilizado para construir estas regras difusas é incerto. Tal incerteza leva a regras cujos antecedentes ou consequentes são incertos, o que se traduz em antecedentes incertos ou consequentes funções de membro do sistema fuzzy tipo 1, em que as funções de membro antecedentes ou consequentes são conjuntos fuzzy tipo 2. Tais conjuntos são conjuntos difusos cujos graus de adesão são eles próprios conjuntos difusos de tipo 1; são úteis em circunstâncias em que é difícil determinar uma adesão exacta da incerteza é utilizar a lógica difusa intuicionista, que também pode ser considerada como uma generalização da lógica difusa de tipo -1. Nas intuições tic fuzzy logic, a incerteza na descrição de conjuntos fuzzy é modelada utilizando ao mesmo tempo a função de associação

E as funções de não pertença de um conjunto (assumindo que não são complementares).

Conjunto fuzzy tipo 2 e sistemas generalizar (tipo 1) conjunto fuzzy e sistemas para que mais incerteza possa ser tratada. / Desde o início dos conjuntos fuzzy, foram feitas críticas sobre o facto de a função de membro de um conjunto tipo-1 não ter nenhuma incerteza associada, algo que parece contradizer a palavra fuzzy, uma vez que essa palavra tem a conotação de muita incerteza. Então, o que se faz quando há incerteza sobre o valor da função de membro? A resposta a esta pergunta foi dada em 1975 pelo inventor dos conjuntos fuzzy, Prof. Lotfi A. Zadeh, quando propôs tipos mais sofisticados de conjuntos felpudos, o primeiro dos quais ele chamou um conjunto felpudo tipo 2. Um conjunto felpudo de tipo 2 permite-nos incorporar a incerteza sobre a função de membro na teoria dos conjuntos felpudo, e é uma forma de abordar de frente as críticas acima referidas aos conjuntos felpudo de tipo 1. E, se não houver incerteza, então um conjunto de fuzzy de tipo 2 é de frente. O fuzzy set de tipo 1, que é análogo à probabilidade, reduz-se ao determinismo quando a imprevisibilidade desaparece. Porque precisamos de utilizar um sistema de lógica difusa tipo 2 para modelar e minimizar os efeitos de uma vasta gama de incertezas que podem ocorrer num sistema de lógica difusa.

A lógica fuzzy original (FL), fundada por Lotfi Zadeh, existe há mais de 35 anos, e no entanto é incapaz de lidar com as incertezas. Por "manipulação", quero dizer "modelar e minimizar o efeito de". Que o FL original, tipo 1 FL não pode fazer este som paradoxal porque a palavra fuzzy tem a conotação de incerteza. O FL expandido, FL de tipo 2, é capaz de lidar com incertezas porque pode modelá-las e minimizar os seus efeitos. E, se todas as incertezas desaparecerem, o FL tipo-2 reduz-se ao FL tipo-1, da mesma forma que, se a aleatoriedade desaparecer, a probabilidade se reduz ao determinismo. Embora muitas aplicações tenham sido encontradas para o FL de tipo-1, foi a sua aplicação ao sistema baseado em regras que demonstrou mais significativamente a sua importância como uma poderosa metodologia de concepção.

Um sistema de lógica fuzzy baseado em regras (FLS) fusilier, mecanismo de inferência (que está associado a regras, o coração de um FLS), e caracterizado por funções de membro. Um FLS que é descrito completamente em termos de conjuntos de fuzzy de tipo 1 é chamado FLS de tipo 1, enquanto que como FLS que é descrito usando pelo menos um conjunto de fuzzy de tipo 2 é chamado FLS de tipo 2. O processador de saída para um FLS de tipo-1 é um defuzzifier; ele transforma um conjunto difuso de tipo-1 num número, um conjunto difuso de tipo-0. O processador de saída para um FLS de tipo 2 tem dois componentes para ele. Primeiro, os conjuntos difusores de tipo 2 são transformados em conjuntos difusores de tipo 1 por meio de redução do tipo. Depois, o conjunto de tipo reduzido é transformado num número por meio de defuzzifcação.

Os FLS de tipo 1 não podem lidar directamente com as incertezas das regras porque utilizam conjuntos difusos de tipo 1 que são certos. Os FLS de Tipo 2 são muito úteis em circunstâncias em que é difícil determinar como função exacta de adesão a um conjunto difuso; por conseguinte, podem ser utilizados para lidar com incertezas de regras e mesmo incertezas de medição.

Os FLS de tipo 2 levam o mundo dos FLS para uma direcção fundamentalmente nova e importante. E porque é que é importante? Para tornar as respostas a estas questões tão claras quanto possível, vamos divagar brevemente para rever algumas coisas que são, sem dúvida, familiares.

A teoria da probabilidade é utilizada para modelar a incerteza aleatória, e dentro dessa teoria começamos com uma Função de Densidade de Probabilidade (pdf) que encarna a informação total sobre incertezas aleatórias. Na maioria das aplicações práticas de palavras reais, é impossível conhecer ou determinar o pdf, pelo que nos baseamos no facto de um pdf ser completamente caracterizado por todos os seus momentos (se é que eles existem). Se o pdf é gaussiano, então, como é bem sabido, dois momentos - a média e a variância - o suficiente para o especificar completamente. Para a maioria dos pdfs, uma vez que é necessário um número infinito de momentos. Evidentemente, na prática não é possível determinar um número infinito de momentos; em vez disso, calculamos tantos momentos quantos acreditamos serem necessários para extrair o máximo de informação possível dos dados. No mínimo, utilizamos dois momentos, a média e a variância. Em alguns casos, utilizamos até momentos de ordem superior e depois de segundos.

Utilizar apenas os momentos de primeira ordem não seria muito útil porque a incerteza aleatória exige como compreensão da dispersão sobre a incerteza aleatória requer um fornecimento pela variância. Assim, a nossa modelação probabilística aceite da incerteza aleatória centra-se, em grande medida, em métodos que utilizam pelo menos os dois primeiros momentos de um pdf. Por exemplo, é por isso que os desenhos baseados na minimização de um erro quadrático médio são tão populares.

Devemos esperar menos de um FLS por incertezas de regras ou qualquer outro tipo de incertezas? Até à data, podemos ver a saída de um FLS de tipo 1 FLS_a saída defuzzificada - como análoga à média de um pdf. (Não quero ficar preso ao pântano sobre a equivalência entre os conjuntos subjectivos e difusos de tipo 1; a nossa "analogia" entre a saída defuzzificada de um FLS e a média de um pdf destina-se a ser apenas isso e nada mais). Tal como a variância fornece uma medida de dispersão sobre a média e é quase sempre utilizada para captar mais sobre a incerteza probabilística em desenhos estatísticos práticos, um FLS também precisa de alguma medida de dispersão - a nova direcção - para captar mais sobre as suas incertezas do que apenas um único número.

O FL tipo 2 fornece esta medida de dispersão e parece ser tão fundamental para a concepção de sistemas que incluem sistemas linguísticos ou

As incertezas numéricas que se traduzem em regra ou incertezas de entrada como variância é para a média.

Tal como as incertezas aleatórias fluem através de um sistema e os seus efeitos podem ser avaliados usando a média e a variância, as incertezas linguísticas e aleatórias fluem através de um FLS de tipo 2, e os seus efeitos podem ser avaliados usando a saída defuzzificada e a saída de tipo reduzido desse sistema. Tal como a variância fornece uma medida de dispersão sobre a média e é frequentemente utilizada em intervalos de confiança, a saída de tipo reduzido pode ser interpretada como fornecendo uma medida de dispersão sobre a saída defuzzificada. Pode ser pensado como (ou relacionado com) um intervalo de confiança linguística, tal como a variância aumenta à medida que a incerteza aleatória aumenta o conjunto reduzido de tipos também aumenta à medida que as incertezas linguísticas ou aleatórias aumentam. Assim, um FLS de tipo 2 é análogo a um sistema probabilístico apenas através do primeiro e segundo momentos, enquanto um FLS de tipo 1 é análogo a um sistema probabilístico apenas através do primeiro momento.

Um FLS de tipo 2 tem mais graus de liberdade de desenho do que um FLS de tipo 1 porque os seus conjuntos de fuzzy de tipo 2 são descritos por mais parâmetros do que os conjuntos de fuzzy de tipo 1. Isto é análogo a uma função de densidade de probabilidade ser descrita por mais parâmetros (por exemplo, uma função de densidade de probabilidade Gaussiana é descrita pela sua média e desvio padrão) do que a sua contraparte determinística (por exemplo, uma função de densidade de probabilidade Gaussiana degenerada é aquela cujo desvio padrão é 0 e é caracterizada apenas pela sua média). Isto sugere que um FLS de tipo 2 tem o potencial de superar um FLS de tipo 1 devido ao seu maior número de graus de liberdade de desenho. Até à data, não há nenhuma prova matemática de que este será sempre o caso; contudo, em todas as aplicações a que apliquei FLS tipo-2, sempre observei que se obtém um melhor desempenho com um FLS tipo-2 do que com um FLS tipo-1FLS.

Sistemas de lógica difusa de ordem superior (FLSs), tais como FLSs de intervalo tipo 2, demonstraram ser muito bem adaptados para lidar com os elevados níveis de incertezas presentes na maioria das aplicações do mundo real. Espera-se que os FLS gerais do tipo 2 alarguem ainda mais esta capacidade. Contudo, as imensas complexidades computacionais associadas aos FLS gerais de tipo 2 têm, até recentemente, impedido a sua aplicação a problemas de controlo do mundo real.

É proposto um modelo geral de rede neural (connectionist) para sistemas de controlo e decisão de lógica difusa. Este modelo conexionalista, sob a forma de rede multicamadas de avanço, combina a ideia de controlador de lógica difusa e estrutura de rede neural e capacidades de aprendizagem num sistema integrado de controlo e decisão baseado em lógica difusa de rede neural. É construída uma rede de decisão de controlo de lógica fuzzy

Automaticamente através da aprendizagem do próprio exemplo de formação. Ao combinar esquemas de aprendizagem não supervisionados (auto-organizados) e supervisionados, a velocidade de aprendizagem converge muito mais rapidamente do que o algoritmo original de aprendizagem de propagação de retorno. A estrutura conexionista evita o tempo de correspondência de regras do motor de inferência no sistema de lógica fuzzy tradicional.

Incerteza: é uma parte inerente ao sistema de controlo utilizado em aplicações do mundo real. A utilização de novos métodos de tratamento de informação incompleta é de importância fundamental. Conjuntos de fuzzy Type-1 utilizados em sistemas fuzzy convencionais. Os conjuntos de tipo -2 fuzzy que são utilizados em sistemas fuzzy de tipo 2 podem lidar melhor com as incertezas porque nos fornecem mais parâmetros e graus de liberdade de concepção.

5.2 Conjuntos e sistemas de fuzzy tipo 2:

Se para uma função de membro de tipo 1, como na figura 5.1, a função de membro de tipo 2 é obtida à esquerda e à direita, como ilustrado na figura 5.2, então uma função de membro de tipo 2 é obtida. Neste caso, para um valor específico x' , a função de membro(u'), assume valores diferentes, que não são todos ponderados da mesma forma, pelo que podemos atribuir como distribuição de amplitude a todos os pontos.

Fazendo isto para todos $x \in X$, , criamos uma função de membro tridimensional - uma função de membro de tipo 2 - que caracteriza um conjunto de fuzzy de tipo 2.

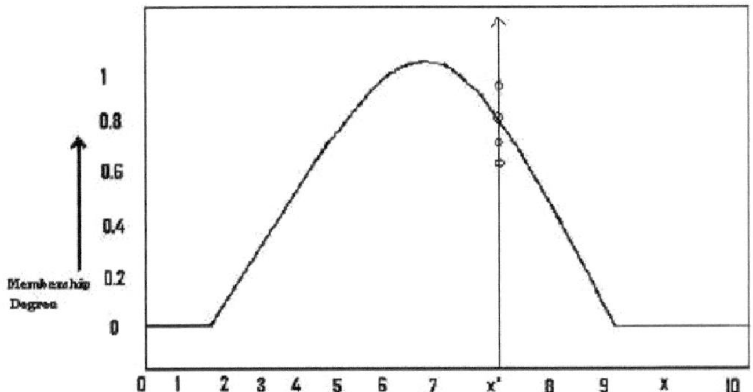

Figura 5.2 - Função de membro de Tipo 1 desfocada

Um conjunto de fuzzy tipo 2 $\tilde{A}$, é caracterizado pela função de membro: $\tilde{A} =$

$$\tilde{A} = \{((x,u), \mu_{\tilde{A}}(x,u))| \ x \in X, \ Au \in J_x \subseteq \ [0,1] \qquad \dots 5.1$$

No qual $0 < \mu_{\tilde{A}}(x,u) \le 1.$. Outra expressão para $\tilde{A}$ é

$$\tilde{A} = \int_{x \in} J_x \int_{x \in} J_x \mu_{\tilde{A}}(x,u)/ (x,u) \quad J_x \subseteq [0,1] \qquad \dots 5.2$$

Onde $\iint$ denota a união sobre todas as variáveis de entrada admissíveis x e u.

Para o universo discreto do discurso $\int$. é substituído por Σ . De facto, $J_x \subseteq [0,1]$ representa a filiação primária de x e $\mu_{\tilde{A}}(x,u)$ é um conjunto fuzzy de tipo 1 conhecido como conjunto secundário. Assim, um grau de associação de tipo 2 pode ser qualquer subconjunto em [0,1], a associação primária, e correspondente a cada associação primária, existe uma associação secundária (que também pode ser em [0,1]) que define as possibilidades para a associação primária (Liang e Mendel, 2002). A incerteza é representada por uma região, que é chamada a pegada da incerteza (FOU).

Quando $\mu_{\tilde{A}}(x,u) = 1 \quad Au \in J_x \subseteq \ [0,1]$

Temos uma função de membro tipo 2 de intervalo, como mostra a figura 5.4. O sombreado uniforme para a FOU representa todo o conjunto de fuzzy de intervalo tipo 2 e pode ser descrito em termos de uma função de membro superior $\overline{\mu_{\tilde{A}}}(x)$ e uma função de membro inferior $\underline{\mu_{\tilde{A}}}(x)$.

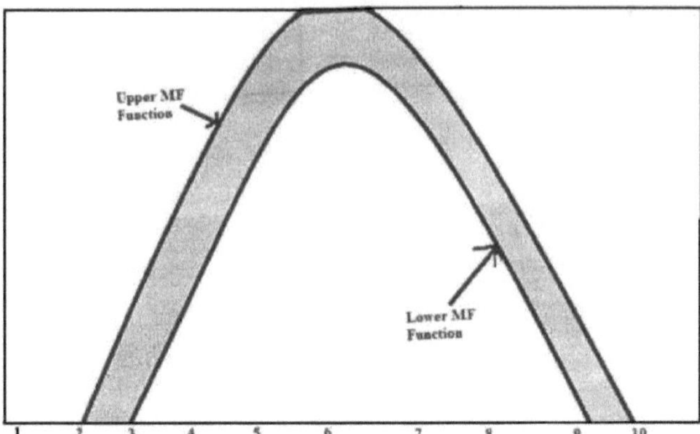

Figura 5.3 - Tipo de Intervalo -2 função de membro

Um FLS descrito usando pelo menos o conjunto difuso de tipo 2 é chamado FLS de tipo 2. Os FLS de tipo-1 são incapazes de lidar directamente com as incertezas das regras, porque utilizam conjuntos de fuzzy de tipo-1 que são certos. Por outro lado, os FLS do tipo-2 são muito úteis em circunstâncias, onde é difícil determinar uma função de membro exacta, e existem incertezas de medidas.

Sabe-se que o conjunto difuso de tipo 2 permite modelar e minimizar os efeitos das incertezas nos FLS baseados em regras. Infelizmente, o conjunto tipo-2 é mais difícil de utilizar e compreender que os conjuntos difusos de tipo 1; por conseguinte, a sua utilização ainda não é generalizada. Como justificação para a utilização de conjuntos difusos de tipo 2, são mencionadas pelo menos quatro fontes de incertezas nos FLS de tipo 1;

1. Os significados das palavras que são utilizadas nos antecedentes e consequentes das regras podem ser incertos (as palavras significam coisas diferentes para pessoas diferentes).

2. As consequências podem ter histograma de valores associados a eles, especialmente quando o conhecimento é extraído de um grupo de peritos que não estão todos de acordo.

3. As medições que activam um FLS de tipo 1 podem ser ruidosas e, portanto, incertas.

4. Os dados utilizados para afinar os parâmetros de um FLS de tipo 1 também podem ser ruidosos.

Todas estas incertezas se traduzem em incertezas sobre as funções de membro de conjunto difuso. O conjunto Fuzzy Type-1 não são capazes de modelar directamente tais incertezas porque as suas funções de membro são totalmente nítidas. Por outro lado, os conjuntos de tipo 2 fuzzy são capazes de modelar tais incertezas porque as suas funções de membro são elas próprias fuzzy. Um conjunto de tipo 1 é um caso especial de um conjunto felpudo de tipo 2; a sua função de membro secundário é um subconjunto com apenas um elemento, a unidade.

Um tipo-2 é novamente caracterizado pelas regras IF-THEN, mas os seus conjuntos antecedentes ou consequentes são agora do tipo-2. Os FLS de tipo 2, podem ser utilizados quando as circunstâncias são demasiado incertas para determinar a adesão exacta. Graus tais como quando os dados de formação são corrompidos pelo ruído. Semelhante aos FLS de tipo 1, um FLS de tipo 2 inclui um fuzzifier, uma base de regras, um motor de inferência difusa, e um processador de saída, como podemos ver na figura 5.4. O processador de saída inclui um redutor de tipo e um defuzzifier, gera uma saída de conjunto difuso de tipo-1 (a partir do tipo reduz) ou um número nítido (a partir do defuzzifier).

5.2.1 Fuzzifier:

O fuzzifier mapeia um ponto nítido $x = (x_1, ..., x_p)^T \; E \; X_1 x$

$X_2x...xX_p = X$ num conjunto felpudo tipo 2 $_{A \sim X}$ em X (Mendel, 2001), intervalo; neste caso, conjuntos felpudo tipo 2. Utilizaremos o fuzzifier de tipo 2, num fuzzifier de tipo 2; o fuzzy set de entrada tem apenas um único ponto sobre a filiação não zero. $\tilde{A}^x$ é um fuzzy de tipo 2.

Singlection se $\mu_A \tilde{} \; x \; (x)=1/1$ conseguiu $x=x'$ e $\mu_A \tilde{} \; x \; (x)=1/0$ para todos os outros $x \neq x'$ [7].

5.2.2 Regras:

A estrutura das regras num FLS de tipo 1 e num FLS de tipo 2 no mesmo, mas é a letra os antecedentes e os consequentes serão o conjunto difuso de tipo 2. Assim, para um FLS tipo-2 com entradas **p** **x1 E X1,...,x_p** E x_p e uma saída y E Y , Entrada múltipla Saída Única (MISO), se assumirmos que existem regras **M**, a **1** a regra no FLS tipo-2 pode ser escrita da seguinte forma.

R^1: IF x_1 is $F^1{}_1$ and ... and xp is $F^1{}_p$, THEN y is G^1
...5.3

$$1 = 1,...,M$$

5.3.3 Interferência:

No FL de tipo 2, o motor de inferência combina regras e dá uma forma de mapeamento de entrada de conjuntos de fuzzy de tipo 2 para saída de conjuntos de fuzzy de tipo 2. É necessário calcular a junção U (União) e encontrar uma intersecção **A**), bem como composições extensas sup-Star (composições sup-Star) das relações tipo-02. Se $F^{\hat{1}}{}_1 x \; ...xF^1{}_p = A^{\sim 1}$, , a equação (5.3) pode ser reescrita como

$R^1{:}F^1 1 x ...xF^1{}_p \longrightarrow G^1 = A^{\sim 1} \; 1=1,...,M$
...5.4

$_{R1}$ É descrito pela função de membro $\mu_R{}^1 (x, y) = \mu_R{}^1 (X_1,...X_p, y)$, onde

$$\mu_R{}^1(x, y) = \mu_A{}^{\sim 1} \longrightarrow G^1(x, y)$$
$$...5.5$$

Pode ser escrito como (Mendel, 2001):

$$\mu_R{}^1(x, y) = \mu_A{}^{\sim 1} \longrightarrow G^1(x, y) = \mu_F{}^1(x_1) \cap ... \cap \mu_{FP}{}^{\sim 1}(x_P) \cap \mu_G{}^1(y)$$

$$= [\cap^P{}_{i=1} \mu_F{}^1(x_i)] \cap \mu_G{}^1 \qquad (y)$$
$$...5.6$$

Em geral, a entrada p-dimensional para R^1 é dada y o conjunto tipo 2 $A^{\sim}x$ cuja função de membro é

$$\mu_{A\sim x}(x)\,\mu_{X1}(x_1) \cap ... \cap \mu_{FP}(x_P) = \cap^P{}_{i=1}\mu_{Xi}(x_i) \qquad ..5.7$$

Onde $Xi\ (i=1,...,p)$ são os rótulos dos conjuntos de fuzzy descrevendo os inputs. Cada regra $\mathbf{R}^1$ determina um conjunto de fuzzy de tipo 2 $B^1 = A^{\sim}{}_x \circ R^1$ tal que:

$$\mu_B{}^1(y) = \mu_{A\sim x\,O\,Ri} = \cup_{XE\,x}[\mu_{A\sim x}(x) \cap \mu_R{}^1(x, y) \quad y \in Y \quad 1=1,...,M$$

$$..5.8$$

Esta equação é a relação entrada/saída na figura 5.5 entre o conjunto de fuzzy de tipo 2 que activa uma regra no motor de inferência e o conjunto de fuzzy de tipo 2 na saída desse motor.

No FLS utilizámos o conjunto de fuzzy de intervalo tipo 2 e encontramo-nos sob o produto t-norm, pelo que o resultado das operações de entrada e antecedentes, que estão contidas no conjunto de queima) $\cap^P{}_{i=1}\mu_{xi}(x_i = F^1$ (x')) é um conjunto de intervalo tipo 1,

$$F^1(x')) = [f^1(x'), f^1(x')] = [f^1, f^1] \qquad ..5.9$$

$$\text{Where} \quad f^1(x') = \mu_{F1}{}^1(x_1'') * ... * \mu_{Fp}{}^1(x_p') \qquad ..5.10$$
$$\text{And} \quad f^1(x') = \mu_{\overline{F}1}{}^1(x_1') * ... * \mu_{\overline{F}p}{}^P(x_p) \qquad ...5.11$$

Onde * é a operação do produto.

5.2.4 Redutor de Tipo:

O redutor de tipo gera uma saída de conjunto difuso de tipo 1, que é depois convertida numa saída nítida através do defuzzifier. Este conjunto de fuzzy de tipo 1 também é um conjunto de intervalo, para o caso do nosso FLS utilizámos a redução do tipo centro de conjuntos (cos), Y_{cos} que é expresso como

$$Y_{cos}(x) = [y_1, y_r]$$
$$= \int_{y^1 \in [y_1{}^1, y_r{}^1]} ... \int_{y^M \in [y_1{}^M, y_r{}^M]} \int_{f^1 \in [f^1, f^1]} ... \int_{f^M \in [f^M, f^M]} \frac{1/\sum^M{}_{t=1} f^1 y^1}{\sum^M{}_{t=1} f^1}$$

$$...5.12$$

Este conjunto de intervalos é determinado pelos seus dois pontos finais, y_1 e y_r, que correspondem ao centróide do intervalo tipo-2 resultante do conjunto $G^{\sim 1}$

$$C_{G-i} = \int \Theta \in J_{y} \dots \int \Theta_n \in J_{yn} \frac{1/\sum^n_{i=1} Y_i \Theta}{\sum^N_{i=1} \Theta_i} = [y_i{}^i, y_r{}^i]$$

....5.13

Antes do cálculo do ycos (X), devemos avaliar a equação (5,13), e os seus dois pontos finais y_l e **yr**. Se os valores de Fi e yi que estão associados a yi forem indicados fl e yi I respectivamente, e o valor de fi^i e yi^i que estão associados a yr forem indicados fr e yr^i, respectivamente da equação (15,12), temos

$$Y_1 = \frac{\sum^M_{i=1} f_1{}^i y_1{}^i}{\sum^M_{i=1}{}^M f_1{}^i}$$

....5.14

$$Y_1 = \frac{\sum^M_{i=1} f_r{}^i y_r{}^i}{\sum^M_{i=1} f_r{}^i}$$

....5.15

5.2.5 Defuzzifier:

A partir do redutor de tipo obtemos um conjunto de intervalos ycos , para o deffuzificar, utilizamos a média de y_l e yr, pelo que a saída deffuzificada de um intervalo singleton do tipo 2 FLS é (Mendel, 2001)

$$X(y) = \frac{y_l + y_r}{2}$$

....5.16

Estamos a simular o facto de que os elementos de instrumentação (amplificador de instrumentação, sensores, conversores de digital para analógico, analógico para digital, etc.) estão a introduzir algum tipo de valores imprevisíveis nas informações recolhidas. No caso das implementações do FLC tipo 2, temos as mesmas características que no FLS tipo 1, mas utilizámos conjuntos de fuzzy tipo 2 como funções de membro para as entradas e para as saídas.

5.3 Aplicação do tipo -2 sistema de lógica fuzzy:

A teoria do tipo -2 fuzzy logic pode ser combinada com diferentes ferramentas de Soft Computing. Estes são:
1. Lógica Fuzzy Typee-1
2. Rede Neural Artificial
3. Algoritmo Genético

Para a resolução de diferentes tipos de problemas em diferentes áreas de aplicação, a teoria acima pode ser aplicada na área seguinte individualmente ou com combinação, são listados abaixo:
1. Engenharia de software
2. Processamento de imagem
3. Reconhecimento de voz

A combinação de técnicas de Soft Computing permite o aperfeiçoamento de um sistema inteligente com diferentes abordagens híbridas. Consideramos duas partes de uma Rede Neural Modular para reconhecimento de imagem, onde um Sistema de Inferência Fuzzy tipo 2 (FIS 2) faz uma grande diferença. O primeiro FIS 2 é utilizado para extracção de características em dados de formação, e o segundo para encontrar os parâmetros ideais para o método de integração da Rede Neural Modular. Mais uma vez a Lógica Fuzzy mostra-se como uma ferramenta que pode ajudar a melhorar os resultados de um sistema neural, ao facilitar a representação da percepção humana.

Uma aplicação para conjuntos difusos foi também inspirada pelo Prof. Zadeh - Informática com Palavras. Diferentes acrónimos têm sido utilizados para "computação com palavras", por exemplo, CW e CWW.

Segundo Zadeh: CWW é uma metodologia em que os objectos de cálculo são palavras e propostas tiradas de uma linguagem natural. É inspirado pela notável capacidade humana de executar uma grande variedade de tarefas físicas e mentais sem qualquer medida e sem quaisquer cálculos.

Uma das possíveis aplicações do Sistema de Lógica Fuzzy tipo 2 é representada para problemas de processamento de sinais, porque os FLS do tipo 2 podem lidar com o segundo nível de incertezas da medição de erros estocásticos usando a conversão Stochastic de adição A/D.

Capítulo - 6

Aplicação de Ferramentas Informáticas Suaves com Sistema de Lógica Fuzzy tipo 2

Aplicação:

Soft Computing é um complexo de metodologias que inclui redes neurais artificiais, algoritmos genéticos, lógica fuzzy, redes Bayesianas, e os seus híbridos. Admite raciocínio aproximado, imprecisão, incerteza e verdade parcial, a fim de imitar a notável capacidade humana de tomar decisões em ambientes reais e ambíguos. A Soft Computing tornou-se assim popular no desenvolvimento de um sistema que encapsula a perícia humana.

A aplicação de Soft Computing abrange uma vasta gama de áreas de aplicação, incluindo concepção, controlo inteligente e optimização, processamento de sinais, reconhecimento de padrões, computação gráfica, produção, bem como engenharia civil e aplicações a sistemas de tráfego e transporte.

6.1. Engenharia de software:

6.1.1 Introdução:

Para avaliar a eficiência da Lógica Fuzzy tipo 2, considerámos a estimativa do esforço e, consequentemente, a estimativa de custos no desenvolvimento de um projecto de software cheio de incertezas, vários factores podem afectar o modelo de estimativa de software, todos estes factores são incertos, digamos, por exemplo, um conhecimento da linguagem de programação. Devido a esta razão, será feito um estudo comparativo entre a Lógica Fuzzy tipo 1 e a Lógica Fuzzy tipo 2. Uma simples fórmula de software dada por Bary Boehm é aqui considerada para a fuzzificação do parâmetro de entrada e saída com a função de membro Gaussiano com ambos o tipo de resultado da lógica Fuzzy será comparado com o resultado real/ calculado mostra que o esforço com a lógica Fuzzy de tipo-2 está próximo do esforço real.

6.1.2 Modelo de estimativa de software:

A estimativa de software do Projecto S/W é um processo muito complexo, no qual estão envolvidos vários factores tangíveis e não tangíveis. Aqui são explicados os diferentes tipos de estimativa de software.

(a)Estimar o tamanho do software:

Uma estimativa precisa da dimensão do software é um elemento essencial para o cálculo dos custos e cronogramas estimados do projecto. O facto de estas estimativas serem necessárias muito cedo no projecto (frequentemente enquanto uma proposta de contrato está a ser preparada) torna a estimativa do tamanho uma tarefa formidável. As estimativas iniciais de tamanho são tipicamente baseadas nos requisitos conhecidos do sistema. Deve procurar todos os detalhes conhecidos do sistema proposto e utilizar estes detalhes para desenvolver e validar as estimativas de tamanho do software. Em geral, apresenta o tamanho.

Estimativas como linha de código para estimativas específicas de tamanho predefinido como linhas de código (KSLOC ou SLOC) ou como pontos de função. Há constantes que se podem aplicar para converter pontos de função em linhas de código para línguas específicas, mas não vice-versa. Se possível, escolher e aderir a uma unidade de medida, uma vez que a conversão simplesmente introduz uma nova margem em caso de erro na estimativa final. Independentemente da unidade escolhida, deve armazenar as estimativas na base de dados de métricas. Utilizará estas estimativas para determinar o progresso e para estimar a precisão. A secção seguinte descreve técnicas para estimar o tamanho do software.

(b)Estimar o custo do software: O custo de projectos de software de média e grande dimensão é determinado pelo custo de desenvolvimento do software, mais o custo do equipamento e dos fornecimentos. Este último é geralmente uma constante para a maioria dos projectos. O custo de desenvolvimento do software é simplesmente o esforço estimado, multiplicado por custos de mão-de-obra presumivelmente fixos. Por esta razão, vamos concentrar-nos em estimar o esforço de desenvolvimento, e deixar a tarefa de converter o esforço em dólares para cada empresa.

(c)Estimar o esforço: Existem dois modelos básicos para estimar o esforço (ou custo) de desenvolvimento de software: Holístico e baseado em actividades. O maior factor de custo em qualquer dos modelos é a dimensão estimada do projecto. Os modelos holísticos são úteis para organizações que são novas no desenvolvimento de software, ou que não têm dados de base disponíveis de projectos anteriores para determinar as taxas de trabalho para as várias actividades de desenvolvimento. As estimativas produzidas com modelos baseados em actividades têm mais probabilidades de serem precisas, uma vez que se baseiam nas taxas de desenvolvimento de software comuns a cada organização. Infelizmente, foram necessários dados relacionados de projectos para aplicar estas técnicas.

6.1.3 Modelo simples de Boehm:

Barn W. Boehm (1935) é um engenheiro de software americano, TRW Emeritus

Professor de Engenharia de Software na Universidade de Desenvolvimento Informático do Sul da Califórnia, e conheceu a sua grande contribuição para a engenharia de software. O interesse de Boehm na investigação inclui a modelação do processo de desenvolvimento de software, engenharia de requisitos de software, arquitectura de software, e engenharia de software baseada no conhecimento e no conhecimento. As suas contribuições para o campo, segundo o próprio Boehm (1997), incluem "o Modelo Espiral do processo de software, a Teoria W
(win-win) abordagem à gestão de software e determinação de requisitos e dois avançados
Ambiente de engenharia de software: o TRW Software Productivity System e o Quantum Leap Environment".
O modelo simples de Boehm pode ser expresso através da utilização de fórmulas.

$$\textbf{Effort} = \textbf{C.(KSLOC)}^{\textbf{k}} \qquad \ldots\ldots\ldots 6.1$$

Onde C e K são a constante e KSLOC é a Linha de Código de Mil Fontes.

Daí $\textbf{Effort} \propto \textbf{KSLOC}$

A fórmula mais frequentemente utilizada para calcular o esforço utilizando a Boehm
Modelo é Esforço

$$\text{Model is Effort} = 3.2*(\textbf{KSLOC})^{1.5} \qquad \ldots\ldots\ldots\ldots 6.2$$

Usando a equação 6.2 o esforço é calculado para diferentes valores KSLOC no intervalo de 0 a 1000 com intervalo de 100 que é tabelado na Tabela 6.1.

KSLOC	Esforço calculado em Pessoa/Mês
100	402.8
200	834.1
300	1276.81
400	1727.08
500	2183.07
600	2643.67
700	3108.15
800	3575.97
900	4046.73
1000	4520.12

Tabela 6.1 - KSLOC e esforço correspondente em Pessoa/Mês

6.1.4 Fuzzification of Input AND Output parameter of Boehm model with type-1 Fuzzy Logic:

Os parâmetros de entrada KSLOC é fuzzificado com a função de Membro Gaussiano com o software MALTAB com variável linguística como mostra a tabela 6.2 Aqui KSLOC é variável de entrada e esforço é variável de saída. O intervalo da variável de entrada KSLOC é considerado de acordo com a tabela seguinte.

Tabela 6.2 - Fuzzificação da variável de entrada (KSLOC)

Variáveis linguísticas	Gama
Baixo	0-400
Médio	300-700
Alto	600-1000

O intervalo de saída correspondente retirado do quadro 6.1 para 3 variáveis linguísticas é apresentado no quadro 6.3

Tabela 6.3 - Fuzzificação da variável Input (Esforço)

Variáveis linguísticas	Gama
Baixo	0-1730
Médio	1500-3580
Alto	3200-4525

A Fuzzification of KSLOC e Effort with Gaussian membership function had done with the help of fuzzy linguistic variable shown in table 6.2 and 6.3 are considered her also, as shown in figure 6.1 and 6.2 respectively.

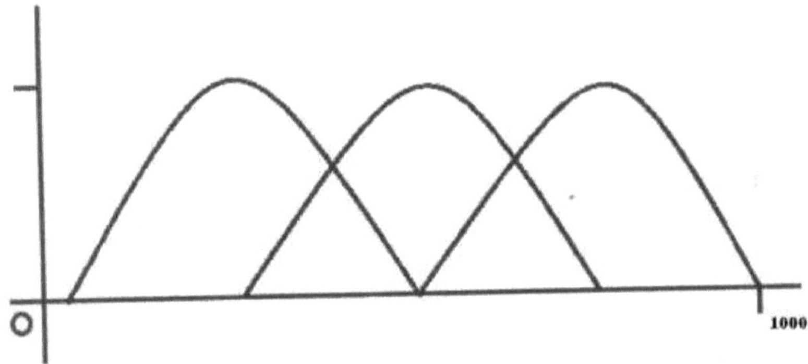

Figura 6.1 - Fuzzificação da variável de entrada (KSLOC)

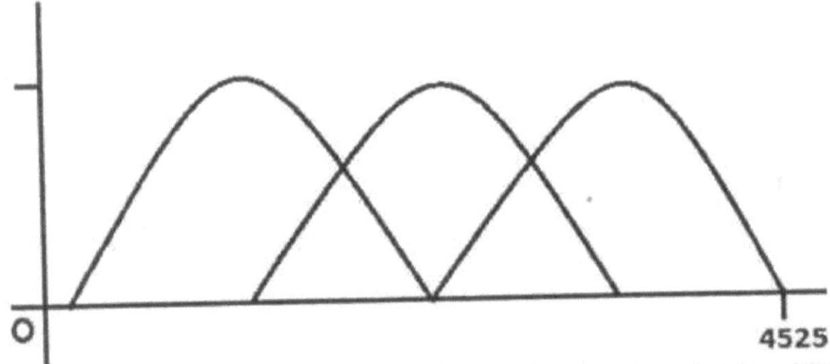

Figure 6.2 – Fuzzification of Output variables (Effort)

De acordo com a tabela 6.2 e 6.3, o KSLOC e o Effort são fezzificados e foi desenvolvida a seguinte base de regras:

Tabela 6.4 - Base de Regras (Sistema de Inferência Fuzzy)

SE o KSLOC é Baixo ENTÃO O esforço é Baixo.
SE o KSLOC for Medium THEN Effort é Medium THEN Effort.
SE KSLOC é Alto ENTÃO O esforço é Alto.

6.1.5 Processo de Disparo de Regras:

De acordo com a base de regras desenvolvida como a tabela não 6.4, a regra será disparada para diferentes valores de Entrada e Valor de Saída são obtidos, o que é mostrado na tabela 6.5

Tabela 6.5 - Vários valores de Entrada e Saída Correspondente.

KSLOC	Lógica Fuzzy Type-1 Esforço pessoal/mês
100	385
200	811
300	1249
400	1698
500	2160
600	2610
700	3087
800	3558
900	4012
1000	4501

6.1.6 Fuzzification of Input and Output parameter of Boehm Model with type-2 Logic:

Nesta secção, vamos introduzir o parâmetro Fuzzy de entrada KSLOC e o parâmetro Output de esforço com a função de adesão Gaussiana de lógica fuzzy tipo 2, sabemos que na função de adesão tipo 2 existem 2 funções de adesão tipo 1, uma é min e outra se a função de adesão máxima. Assim, para qualquer x euros y teremos de ter um grau de adesão, ou seja, um para min e outro para max.

$g_{(x)}$ e $g_{(x)}$ min, pelo que não é possível obter a adesão exacta. A média de min e max será aqui considerada para comparação com a lógica fuzzy de tipo 1.

Uma arquitectura de sistema lógico Fuzzy tipo 2 para simular o modelo Boehm é mostrada se a figura 6.3

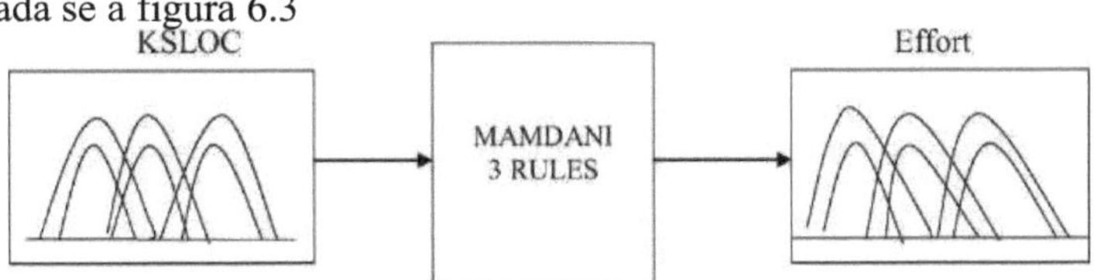

Fig 6.3 Arquitectura para Sistema Fuzzy tipo 2

Fuzzification of KSLOC and Effort with Gaussian membership function with same interval range with same fuzzy linguistic variable shown in table 6.2 and 6.3 are considered here also, as shown in figure 6.4 and 6.5 respectively.

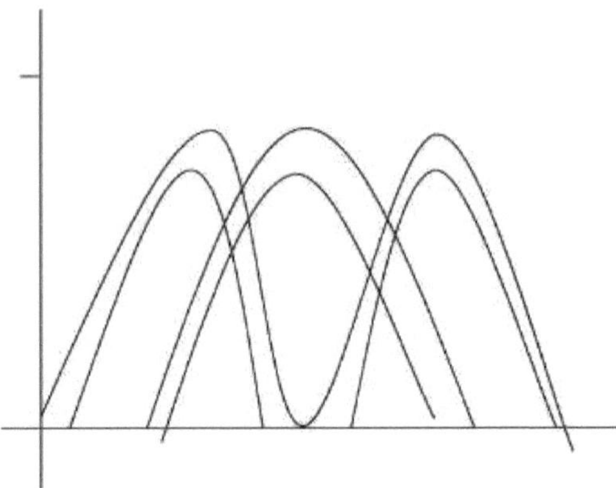

Figura 6.4 - Fuzzificação da KSLOC com MF Gaussiano tipo 2

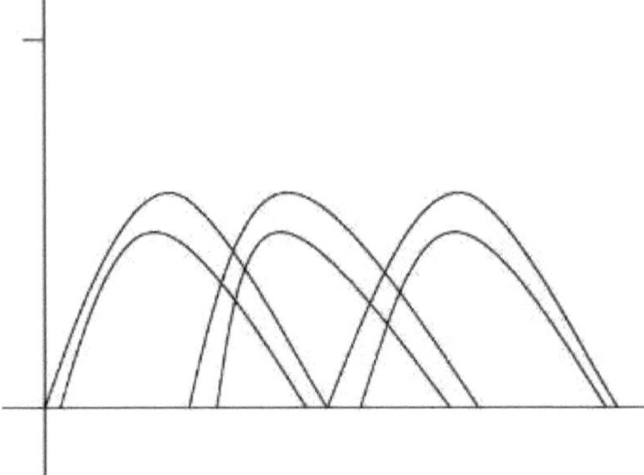

Figura 6.5 - Fuzzification of Effort com MF Gaussiano tipo 2

6.1.7 Geração de bases de regras e processo de disparo de regras:

A base de regras que será utilizada aqui consiste em 3 regras semelhantes à base de regras geradas com tipo-1. Estas são apresentadas na seguinte tabela

SE o KSLOC é Baixo ENTÃO O esforço é Baixo.
SE o KSLOC for Medium THEN Effort é Medium THEN Effort.
SE KSLOC é Alto ENTÃO O esforço é Alto.

Tabela 6.6 - Base de Regras para FIS Tipo 2 (Sistema de Inferência Fuzzy)

De acordo com as regras de base acima mencionadas, as regras de base são disparadas para diferentes valores de Entrada e duas saídas correspondentes a membros mínimos e máximos são obtidas como saída (Esforço). Estas são tabuladas na tabela 6.7.

Variável de entrada KSLOC	Saída do Sistema Fuzzy (Esforço)		
	Min	Max	Média
100	390	400	395
200	820	832	826
300	1260	1275	1267.5

400	1714	1725	1719.5
500	2170	2182	2176
600	2622	2638	2630
700	3088	3107	3097.5
800	3560	3572	3566
900	4035	4045	4040
1000	4510	4518	4514

Tabela 6.7 - Vários valores de entrada e valor de saída correspondente

6.1.8 Comparação e Resultado da Experiência:

O resultado da experiência obtida com o sistema inteligente concebido com tipo-1 e tipo-2 para a estimativa do esforço de Boehm está agora tabelado na tabela 6.8 combinando a tabela 6.1,6.5 e 6.8:

Tabela 6.8 Tabela comparativa do esforço difuso de tipo 1 e tipo 2

Variável de entrada KSLOC	Actual Esforço	Saída do Sistema Fuzzy (Esforço)	
		tipo 1	tipo-2
100	402.8	385	395
200	834.1	811	826
300	1276.81	1249	1267.5
400	1727.08	1698	1719.5
500	2183.07	2160	2176
600	2643.67	2610	2630
700	3108.15	3087	3097.5
800	3575.97	3558	3566
900	4046.73	4012	4040
1000	4520.12	4501	4514

A tabela acima mostra que o esforço calculado com a lógica Fuzzy de tipo 2 está próximo do esforço real, portanto o erro é menor e podemos concluir que a lógica Fuzzy de tipo 2 para a estimativa do esforço é mais eficiente e precisa que a lógica Fuzzy de tipo 1.

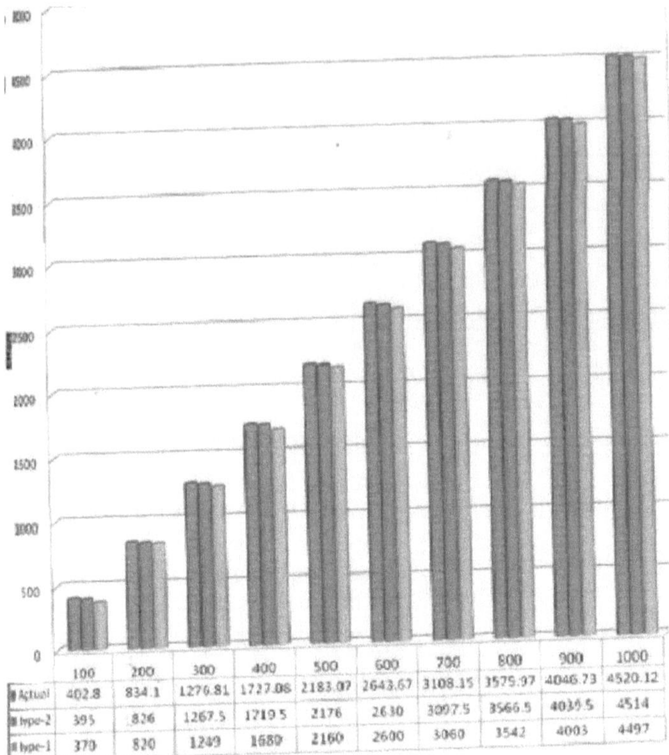

Figura 6.6 Comparação dos esforços reais com os do tipo 1 e tipo 2

Sistema de Lógica Fuzzy

O gráfico de barras é desenhado entre o esforço real, o esforço difuso de tipo 1 e o esforço difuso de tipo 2 é mostrado na figura 6.6. juntamente com os seus dados correspondentes mostrados logo abaixo da figura, a partir desta figura é claro que o esforço difuso de tipo 2 é mais próximo do esforço real significa que o resultado obtido com o sistema de tipo 2 é mais exacto.

6.2 Processamento de imagem & Comparações de imagem:

6.2.1 Comparação de imagens:

• Definimos "comparar duas imagens" como encontrar diferenças ou semelhanças entre duas imagens

• As diferenças podem ser quantitativas ou qualitativas

• A comparação de imagens pode ser útil se encontrar diferenças ou semelhanças for relevante para o problema que está a ser analisado

• O processamento de imagens é uma colecção de métodos que inclui técnicas para melhorar a qualidade da imagem até ao ponto em que os dados relevantes são extraídos de uma comparação

Comparação de imagens num ambiente de colaboração

- O problema: como podem os cientistas de todo o mundo comparar dados de imagem semelhantes?

46

A. Imagens quantitativas num ambiente de colaboração

Poderia construir uma base de dados informatizada de imagens utilizando um software local especial
- Difícil se os dados de imagem em gel não estiverem disponíveis localmente
- Demorado se apenas se quiser comparar um ponto de dados
- Bom para bases de dados de imagens múltiplas de longo prazo
- O software especial pode ser caro, inconveniente para adquirir, instalar ou utilizar

B. Comparação visual quantitativa

Poderia comparar visualmente a imagem - deslizar uma transparência de imagem sobre outra
- Encontra diferenças qualitativas que podem ser adequadas para alguns problemas
- Pode ser difícil combinar objectos se as imagens tiverem morfologias bastante diferentes
- Necessidade de ter cópias se ambas as imagens para fazer comparação
- Maçãs e laranjas: nenhum dos métodos supera diferenças importantes na preparação de amostras e métodos de formação de imagem

O Papel das Imagens na Biomedicina:

- As imagens desempenham um papel de apoio fundamental na biomedicina
- Alguns domínios de imagem biomédica:
1) Electroforese em gel (proteínas 1-D e 2-D, RNA e materiais de ADN)
2) Espectros HPLC, electroforese capilar, espectrometria de massa, cromatografia
3) Imagem da secção em série produzida por vários métodos de micrótomo
4) Projecções de vistas 3D reconstruídas: anatomia humana visual
5) Projecções 2D de modelos moleculares 3D
4) Radiografias médicas para comparar o crescimento ósseo ou a progressão do tumor
6) Imagem MRM ou PET
7) MRM (microscopia de ressonância magnética)
8) Logotipos sequenciais
10) Matrizes de pontos de comparação da estrutura do RNA
11) Géis de ADN 2D usando enzimas de restrição
12) Espectros, séries cronológicas ou gráficos (de qualquer coisa)
13) Domínios problemáticos que produzem imagem desalinhada ou distorcida
14) Domínios problemáticos que perdem o alinhamento durante a aquisição de dados
15) Consultas de Groupware sobre o mesmo conjunto de imagens

6.2.2 Computação suave no processamento de imagens

As imagens têm sido sempre muito importantes na vida humana. A sua gama de aplicações forma uma comunicação primitiva entre humanos de todas as idades com tecnologias avançadas no campo industrial, médico e militar. As possibilidades acrescidas de capturar e analisar imagens têm contribuído para a amplitude que o campo científico do "processamento de imagens" se tornou hoje em dia. Muitas técnicas estão a ser aplicadas, incluindo a computação suave.

6.2.3 filtros felpudos para processamento de imagem:

o foco está nos problemas de remoção de ruído, detecção e segmentação de bordas, imagem e outras aplicações específicas de filtros felpudos. É demonstrado como as técnicas de computação suave, tais como a teoria de conjuntos difusos e a lógica difusa podem ser aplicadas com sucesso a estes problemas. Muitas vezes estas técnicas são complementares às técnicas clássicas existentes e contribuem para um desempenho mais robusto.

6.2.4 Compressão de imagem baseada em técnicas de computação suave:

Um novo algoritmo de compressão de imagem, denominado quantificação vectorial preditiva (PVO), é um algoritmo desenvolvido com base na quantificação competitiva da rede neural, e preditor de redes neuronais. a comparação de duas estruturas de redes neuronais de alimentação aplicada para preditor.

6.2.5 Problemas de controlo multidimensional no processamento de imagens.

Provamos uma versão de imagem substancial do princípio de máximo retrato para controlo multidimensional convexo do operador tipo Dieudonne-Rashevsky. Embora a gama do operador que descreve o sistema PDE de primeira ordem envolvido neste problema tenha uma dimensão de código infinita, obtemos condições necessárias de primeira ordem numa

De forma análoga, como no caso unidimensional. Além disso, as variáveis adjuntivas são sujeitas a decomposição distante.

Reformulamos dois problemas básicos de processamento de imagem matemática (determinação do fluxo óptico e da forma a partir do problema de sombreamento) no âmbito de um controlo óptimo, o que dá a possibilidade de incorporar duras restrições nos problemas. No caso convexo, indicamos as condições de optimização necessárias para estes problemas.

6.4 Reconhecimento de voz com redes neuronais,-2 lógica fuzzy e algoritmos genéticos:

Podemos utilizar redes neurais, lógica fuzzy e algoritmos genéticos para o reconhecimento de voz, em particular, consideramos o caso do reconhecimento de voz através da análise dos sinais sonoros com a ajuda de técnicas inteligentes, tais como as redes neurais e os sistemas fuzzy. Utilizamos as redes neurais para analisar o sinal sonoro de um altifalante desconhecido, e após este primeiro passo, é utilizado um conjunto de regras fuzzy de tipo 2 para o processo de decisão. Utilizamos também algoritmos genéticos para optimizar a arquitectura das redes neuronais.

O reconhecimento do orador, que pode ser classificado em identificação e verificação, é o processo de reconhecimento automático de quem fala com base em informações individuais incluídas nas ondas de fala. Esta técnica permite utilizar a voz do orador para verificar a sua identidade e controlar o acesso a serviços como a marcação por voz, a banca por telefone, os serviços de acesso a bases de dados, os serviços de informação, o correio de voz, o controlo de segurança para áreas confidenciais, é o acesso remoto a computadores.

A identificação do orador é o processo de determinar qual o orador registado que fornece um determinado enunciado. A verificação do orador, por outro lado, é o processo de aceitação ou rejeição da reivindicação de identidade de um orador. A maioria das aplicações em que uma voz é utilizada como chave para confirmar a identidade de um orador são classificadas como verificação do orador.

Os métodos de reconhecimento dos oradores também podem ser divididos em métodos dependentes e independentes do texto. Os primeiros exigem que o orador diga palavras-chave de frases com o mesmo texto, tanto para formação como para provas de reconhecimento, enquanto os segundos não dependem de um texto específico a ser falado.

a) *Identificação do orador.*
b) *Verificação do orador.*

Capítulo - 7

Computação Híbrida

7.1 Introdução:

Discutimos a lógica fuzzy tipo 1 e tipo 2 para verificar a eficiência da lógica fuzzy tipo 2 nos nossos capítulos anteriores. No entanto, várias combinações são as seguintes:

1) Lógica fuzzy tipo 2 + Rede neural artificial (ANN)
2) Lógica fuzzy tipo 2 + Algoritmo Genético
3) Lógica Fuzzy Type-2 + Algoritmo Genético + Rede Neural Artificial (ANN)

A combinação de ferramentas SC acima pode ser simulada para calcular em esforço com o modelo simples de Boehm, o que melhorará definitivamente a eficiência do sistema, aqui estamos a tentar simular a primeira combinação que é a lógica fuzzy tipo 2 e ANN.

O parâmetro de entrada (KSLOC) e o parâmetro de esforço de saída fuzzificado no capítulo anterior (fig 6.4 e fig 6.5) serão utilizados para descobrir o grau de adesão e isto será dado à ANN para treinar. A ANN treinada será suficientemente inteligente para gerar o grau de adesão ao KSLOC. A eficiência é verificada no resultado.

7.2 Arquitectura de ANN com lógica fuzzy de tipo 2:

A arquitectura ANN é muito simples para este fim, onde há apenas dois neurónios na camada de saída, enquanto a camada oculta consiste em 3 neurónios, como mostra a figura 7.2

A figura 7.1 mostra a arquitectura geral da ferramenta de reboque SC, ou seja, sistema híbrido em que a saída do tipo 2 FLS, ou seja, grau de adesão, é utilizada para a formação de ANN.

Figura 7.1- FLS tipo 2 e sistema híbrido ANN

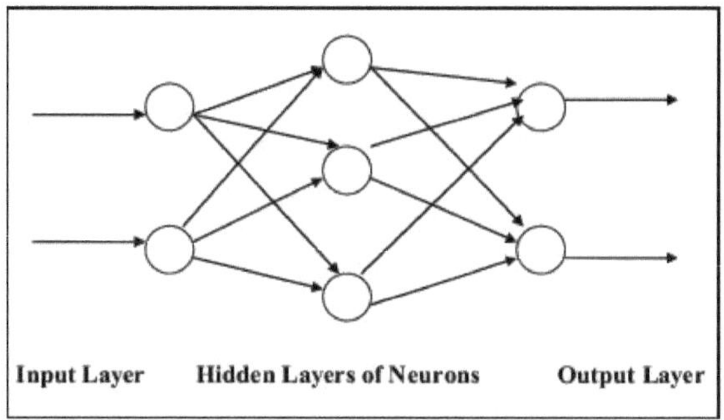

Figura 7.2-tipo-2 FLS e sistema híbrido ANN

Fig 7.2 arquitectura de rede neural simples com 2 neurónios em camadas de entrada, 3 neurónios em camadas ocultas e 2 neurónios em camadas de saída, a rede está totalmente ligada. Estas redes neuronais em uso no treino dos dados, obtidas a partir das figuras 6.4 e 6.5 e tabuladas na tabela 7.1, as duas primeiras colunas serão usadas como padrão de entrada enquanto as duas últimas colunas serão usadas como saída para o treino da rede neural acima referida de forma supervisionada.

Tabela 7.1-input/output e o seu grau de adesão.

KSLOC	Licenciatura de adesão	Esforço (tipo-2 FLS)	Licenciatura de
100	0.2	395	0.2
200	0.4	826	0.3
300	0.5	1267.5	0.5
400	0.6	1719.5	0.6
500	0.8	2176	0.7
600	0.4	2630	0.5
700	0.5	3097.5	0.4
800	0.6	3566	0.6
900	0.8	4040	0.7
1000	0.9	4514	0.9

A ANN é treinada com os dados acima mencionados como treino de forma supervisionada utilizando o **Algoritmo de Propagação de Retorno de Erro (EBPA)** e os resultados obtidos são satisfatórios.

O padrão de entrada dado à ANN, por exemplo [100, 0,2] e a saída de erro pode ser diferente [395, 0,2].

Para testar o novo conjunto de dados ANN também pode ser gerado entre 01000 KSLOC.

Assim, a ANN pode ser combinada com lógica fuzzy de tipo 2 para melhorar a eficiência de cálculo do esforço.

Da mesma forma, outras ferramentas de SC, tal como listadas acima na secção 7.1, também podem ser combinadas para desenvolver um sistema mais inteligente.

Capítulo - 8

Conclusão & Sugestão

Conclusão & sugestão;

Neste trabalho de estudo estudámos a eficiência da lógica fuzzy de tipo 2 sobre a teoria da lógica fuzzy de tipo 1 e analisámos e comparámos o resultado obtido tanto do sistema como do sistema. Assim, podemos dizer que a lógica difusa de tipo 2 pode lidar melhor com a incerteza. Além disso, propusemos vários modelos híbridos de computação suave com lógica fuzzy de tipo 2 para melhorar a eficiência do sistema. O exemplo considerado nesta dissertação é fórmulas muito simples de estimativa de esforço para o desenvolvimento de projectos de software que é o modelo Boehm. Neste livro temos apenas três variáveis linguísticas que podem ser aumentadas até 9 ou mais e, por conseguinte, o número de regras será aumentado à medida que o número de regras aumentará o sistema tornar-se-á mais inteligente. Esta versão melhorada do sistema pode ser comparada com o sistema desenvolvido nesta dissertação.

Num estudo mais aprofundado, pode ser considerado um modelo de estimativa de software mais fiável e complicado como o modelo COCOMO para o desenvolvimento de um modelo de esforço baseado na computação suave. Também podem ser desenvolvidos vários modelos híbridos de computação suave para o modelo COCOMO e o resultado pode ser discutido. O modelo ANFIS com lógica fuzzy de tipo 2 pode ser concebido e comparado com o modelo ANFIS tradicional.

Como o estudo tem por fim esta nova ferramenta (lógica fuzzy tipo 2) também pode ser aplicada em vários sistemas de controlo, processamento de imagem e em outra área. Muito trabalho de investigação está em curso neste campo e esta ferramenta tem sido aplicada em diferentes aplicações mas muito pouco trabalho tem sido feito no campo da engenharia de software especialmente esforço Estimativa com tipo-2 para que mais estudo possa ser jantado neste campo.

Referências

> Dr. Oscar Castillo e Dr. Patricia melin," fuzzy logic type-2; theory and applications", springer-verlag, Berlim, 2008.

> Zedeh, L.A.: "The Concept of a linguistic Variable and its Application to Approximate Reasoning _1", Information Sciences, Vol. 8 pp. 199-249, 1975.

> L.A. Zadeh "Fuzzy logic computing with words", IEEE Trans on Fuzzy Systems, vol 4 pp. 103-111, 1996.

> J. KLIR, "type-2 Fuzzy Logic": Teoria e Aplicação".

> Waserman, "Neural NETWORK": Teoria e Aplicação".

> MATLAB Software, "Math lab Help File", Ver R2007b. 15 de Agosto de 29007.

> Dubois D e H. PRADE" Fuzzy Set and Systems " Theory and Application" San Diego Ca: Academic Press 1980

> J.S.R. Jang " ANFIS Network-based Fuzzy inference System" IEEE transi on Syst. man and Cyber, 23(3), 665-685, 1993

> J.M. Mendel, "type-2 fuzzy systmes-an overview", IEEE comput. Intel. Vol 2, no. 1, pp.20-29, Fev. 2007.

> J.M. Mendel, Advances in type-2 fuzzy sets and systems," Information Sciences, Vol. 177, PP. 84-110, 2007.

> H.Hagras, "Type-2 FLCs: a NEEW GENERATION OF fuzzy controllers". IEE Computational Intelligence Magazine, vol 2, pp. 30-43, Fevereiro de 2007.

N.N. Karnik e J.M. Mendel, "Operations on Type-2 Fuzzy Sets," Fuzzy Sets and Systems, vol 122, pp. 327-348, 2001.

I want morebooks!

Buy your books fast and straightforward online - at one of world's fastest growing online book stores! Environmentally sound due to Print-on-Demand technologies.

Buy your books online at
www.morebooks.shop

Compre os seus livros mais rápido e diretamente na internet, em uma das livrarias on-line com o maior crescimento no mundo! Produção que protege o meio ambiente através das tecnologias de impressão sob demanda.

Compre os seus livros on-line em
www.morebooks.shop

Printed by Books on Demand GmbH, Norderstedt / Germany